# Gora: Slawischsprachige Muslime zwischen Kosovo, Albanien, Mazedonien und Diaspora

*Thomas Schmidinger*

# Gora: Slawischsprachige Muslime zwischen Kosovo, Albanien, Mazedonien und Diaspora

*Thomas Schmidinger*

**Gora: Slawischsprachige Muslime zwischen Kosovo, Albanien, Mazedonien und Diaspora**

*ISBN/EAN: 9783944690049*

*Auflage: 1*

*Erscheinungsjahr: 2013*

*Erscheinungsort: Wien, Österreich*



*Coverbild: Ortsschild von Dragaš, auf dem albanische Nationalisten die goranische Schreibweise getilgt haben. April, 2013*
*Das Coverbild und die Bilder im Buch stammen alle vom Autor.*

**Inhalt:**

***Danksagung***

*Ohne die Mithilfe und Gastfreundschaft unzähliger Gorani wäre dieses Buch unmöglich gewesen. Ich würde mich am liebsten bei allen einzeln bedanken. Dies würde aber eine solche Danksagung bei weitem sprengen. Ich möchte mich allerdings von ganzem Herzen bei allen meinen InterviewpartnerInnen bedanken, die sich in diesem Buch wiederfinden und die bereit waren mit mir ihr Wissen und ihre Geschichten zu teilen. Ganze besonders möchte ich mich außerdem bei Jasim und Najla Bajrami bedanken, die mir immer wieder als Dolmetscher zur Hilfe eilten, sowie bei Menis Daubi, der mir in seinem Elternhaus in Rapča spontan eine Übernachtungsmöglichkeit angeboten hat. Allerdings haben mir nicht nur Gorani bei diesem Buch geholfen, sondern auch einige AlbanerInnen und Angehörige anderer Minderheiten des Kosovo, Albaniens und Mazedoniens. Stellvertretend möchte ich mich dabei beim Politikwissenschaftler Bekim Baliqi bedanken, der mir beim Kontakt zur Universität Prishtina sehr behilflich war, sowie bei Mersiha Hallici, die als freundliche Mitarbeiterin des Kosovarischen Parlaments mir immer hilfreich mit Kontakten zu PolitikerInnen zur Seite stand und die mich beim Warten auf den nächsten Interviewtermin immer auf einer dieser wunderbaren kosovarischen Macchiato einlud. Und last not least möchte ich mich bei der Österreichischen Forschungsgesellschaft ÖFG bedanken, die den längsten meiner Forschungsaufenthalte im Kosovo finanziert hat, sowie bei Julia Deutschländer vom Verlag für das ausgezeichnete Korrektorat und die Betreuung des Buches.*

## Einleitung

Als ich während meines Studiums als Flüchtlingsbetreuer für die Caritas in Niederösterreich arbeitete, lernte ich zum ersten Mal eine goranische Familie kennen. Zwar hatte ich mit meinem Interesse für Minderheiten, Perspektiven marginalisierter Gruppen und die Entwicklung peripherer Gebiete schon zuvor von dieser Gruppe gehört, allerdings noch nie persönlich jemanden aus Gora getroffen. Nun saß ich in einer Flüchtlingspension in einem kleinen Dorf im südlichen Industrieviertel erstmals einer Familie aus dem Kosovo gegenüber, die weder serbisch noch albanisch war, sondern als slawischsprachige Muslime zwischen den serbisch-albanischen Konflikt geraten war. Der Vater der beiden halbwüchsigen Kinder hatte 1999 in der serbischen Armee gedient und fürchtete sich nun vor der Rache der albanischen UÇK, beziehungsweise deren Netzwerke, die die offizielle Auflösung der Guerilla nach dem Krieg überdauert hatten. Wie bei vielen AsylwerberInnen lernten die Kinder schneller Deutsch als ihre Eltern, und da die Mühlen des österreichischen Asylwesens damals noch langsamer mahlten als heute, gelang es mir nach über einem Jahr endlich dem Sohn ein Studium in Wien und der sechzehnjährigen Tochter einen Schulbesuch zu ermöglichen, während sich die Eltern weiter in der zwar hübsch gelegenen, jedoch weitgehend isolierten Pension langweilten.

Diese vierköpfige Familie kam aus dem Dorf Rapča, und wie sich später herausstellen sollte, kamen fast alle der goranischen AsylwerberInnen, die nach dem Kosovo-Krieg 1999 in Österreich einen Asylantrag stellten, aus diesem Dorf. Viele der goranischen AsylwerberInnen, die ich in dieser Zeit kennenlernen durfte, waren gebildete Leute, hatten bereits zuvor immer wieder in anderen Teilen Jugoslawiens gearbeitet und konnten es nicht erwarten auch in Österreich endlich arbeiten zu dürfen. Mit dem Status als AsylwerberInnen war ihnen dies jedoch verboten und so freuten sie sich jedes Mal, wenn ihr langweiliger Alltag zumindest durch meinen Besuch unterbrochen wurde und sie mir von ihrer Heimat *Gora* in den Bergen an der Grenze zwischen Kosovo, Albanien und Mazedonien erzählen konnten. Einer der Asylwerber, der in besagter Pension untergebracht war, vertrieb sich seine Langeweile damit, dass er sich mit seinem noch von zu Hause mitgebrachten Geld ein Rennrad kaufte und damit tagelange Radtouren in Österreich unternahm, die ihn – obwohl ihm dies als Asylwerber eigentlich untersagt gewesen wäre – auch immer wieder in die Nachbarländer führten. Andere verbrachten die Tage mit Wanderungen in die Umgebung, halfen in der Küche mit oder versuchten irgendwo mit Schwarzarbeit die spärliche staatliche Grundversorgung aufzufetten. Die meisten litten nicht nur unter der langen Ungewissheit, sondern v.a. auch daran nicht arbeiten zu dürfen. Immer wieder betonten sie wie fleißig und arbeitsam die Gorani doch wären und dass sie im früheren Jugoslawien doch überall als ArbeiterInnen geschätzt worden wären. Warum sie in Österreich nicht arbeiten durften, konnten sie noch weniger verstehen als alle anderen AsylwerberInnen.

Nach 1999 mussten zwar viele dieser goranischen AsylwerberInnen lange auf ihre Asylbescheide warten. Am Ende stand jedoch meist ein positiver Asylbescheid. Erst seit einer „Fact-finding-Mission" des Bundesasylamts und des Unabhängigen Bundesasylamts (UBAS) 2006 und der Einstufung des Kosovo als ‚Sicherer Drittstaat' durch das Bundesministerium für Inneres 2009 werden die meisten Asylanträge abgelehnt. Bis dahin hatte sich aber eine größere Community von Gorani in Österreich gebildet. Mittlerweile lebt ein Großteil der Bevölkerung von Rapča im Bezirk Baden, in Wien und in einigen anderen Orten in Nieder- und Oberösterreich.

Bei späteren Reisen in die Region selbst sollte ich aber auch aus anderen Dörfern GoranerInnen kennenlernen, die die politischen Wirren der Region, die wirtschaftliche Notlage oder beides nach Österreich geführt hatten. Andere lebten während des Jahres in Deutschland, Italien, Frankreich oder Serbien, kamen aber im Sommer immer wieder für einige Wochen in die alte Heimat zurück und hielten so ihre Dörfer zumindest während der Sommermonate am Leben.

Trotz der wachsenden Zahl der GoranerInnen in Österreich und Deutschland wurde diese Minderheit aus dem kosovarischen, albanischen und mazedonischen Grenzgebiet bislang nicht beachtet. Dieses Buch stellt das erste deutschsprachige Buch über die Gorani dar und eines der ersten in einer westlichen Sprache. Es beansprucht keineswegs eine umfassende Ethnographie der Gorani zu sein, sondern vielmehr der Ausgangspunkt einer hoffentlich weitergehenden Beschäftigung, zu der dieses Buch anregen will. Als Politikwissenschaftler haben mich anfänglich im Rahmen eines von der Österreichischen Forschungsgesellschaft (ÖFG) im Sommer 2012 geförderten Forschungsprojektes v.a. die politischen Aspekte dieser *„transnationalen Minderheit zwischen Kosovo, Albanien, Mazedonien und Exil"*[1] interessiert. Daraus wurde allerdings bald auch eine notwendige Beschäftigung mit den ökonomischen und kulturellen Rahmenbedingungen.

Aufgrund der fehlenden Literatur zu den Gorani habe ich mich schließlich entschlossen, statt eines weiteren wissenschaftlichen Artikels in einer kaum gelesenen Fachzeitschrift, ein etwas breiter angelegtes Buch zu verfassen, das nicht nur auf die von mir ursprünglich fokussierten politischen und migrationssoziologischen Aspekte eingeht, sondern auch eine Basis für zukünftige interdisziplinäre Forschungen darstellt. Vor allem soll dieser breitere Zugang aber den deutschsprachigen LeserInnen die Situation, Geschichte, Geschichte und Kultur einer Bevölkerungsgruppe näher bringen, die in den letzten Jahren auch Teil unserer eigenen Gesellschaft geworden ist.

Im Laufe meiner insgesamt vier unterschiedlich langen Forschungsaufenthalte in Gora[2] erlebte ich jedoch auch immer wieder das große Interesse junger GoranerInnen an ihrer eigenen Geschichte, Kultur und Sprache, das zugleich sehr oft mit einem gewissen Minderwertigkeitsgefühl einherging. Viele GoranerInnen konnten es gar nicht glauben, dass jemand sich für sie interessieren würde, geschweige denn etwas über sie zu publizieren beabsichtigt. Umso mehr freut es mich, dass mich seit meiner längeren Feldforschung im Sommer 2012, bei der die

---

1 So der Namen meines MOEL-Plus-Projektes. Ich danke ausdrücklich der ÖFG, mir diese Forschungskooperation mit der Universität Prishtina ermöglicht zu haben. Ohne diese Feldforschung wäre dieses Buch völlig unmöglich gewesen. Dass mein MOEL-Plus-Projekt aufgrund der Einstellung dieses Förderungsprogrammes, das allerletzte war, hinterlässt allerdings gemischte Gefühle. Heute wäre mir ein solches Forschungsprojekt leider nicht mehr möglich.

2 Ich habe die Region zum ersten Mal im August 2006 und dann wieder im März 2008 besucht. Nach einer durch ein Stipendium der Österreichischen Forschungsgesellschaft ermöglichten längeren Feldforschung im Sommer 2012, die mich sowohl in die goranischen Dörfer im Kosovo, als auch in Albanien und Mazedonien führte, kam ich noch einmal im April 2013 in die kosovarischen und albanischen Teile Goras um einige abschließende Interviews für dieses Buch zu führen.

Idee dieses Buches geboren wurde, immer wieder junge GoranerInnen per e-mail oder über Facebook fragen, wann denn endlich mein Buch fertig werde. Offenbar stößt mein Buch auch bei den deutschsprachigen Gorani selbst auf ein für mich unerwartetes Interesse.

Vor diesem Hintergrund habe ich mich schließlich auch entschlossen dieses Buch erstmals nicht in Österreich, sondern im Sommer 2013, wenn die Gorani aus Österreich und Deutschland wieder ihre Dörfer in Gora besuchen, in Rapča selbst vorzustellen. Es freut mich besonders, dass ich dafür die Kosovo-Berichterstatterin des EU-Parlaments Ulrike Lunacek gewinnen konnte, die mit mir in Rapča gemeinsam mit den Gorani über das Buch, v.a. aber über ihre Situation diskutieren wird.

Auch aus einigen meiner Gespräche mit GoranerInnen in Albanien haben sich mittlerweile auch Ideen für zukünftige Kooperationen entwickelt, die hoffentlich irgendwann zu einer Verbesserung der Situation in der Region führen können. Wenn dieses Buch hierzu einen kleinen Beitrag leisten könnte, würde es meine Erwartungen, mit denen ich diese Recherchen begonnen hatte, weit übertreffen. Ich hoffe jedenfalls, dass dieses Buch nicht nur nichtgoranische LeserInnen über die Gorani und ihre Situation informiert, sondern auch den Gorani selbst von Nutzen sein kann.

## Methoden und theoretische Grundlagen

Für diese Arbeit wurde zwar die vorhandene Literatur über die Gorani verarbeitet, allerdings handelt es sich dabei um sehr spärlich gestreute Texte. Im Kern basiert diese Arbeit deshalb v.a. auf qualitativen Interviews mit Einzelpersonen und Gruppen, die in drei kürzeren und einer längeren Feldforschung zwischen 2006 und 2013 in Gora geführt wurden, teilnehmender Beobachtung, die mir durch meine längere Feldforschung im Sommer 2012 ermöglicht wurde und Gesprächen und Beobachtungen in der goranischen Diaspora in Österreich.

Während ExpertInneninterviews als leitfadengestützte qualitative Interviews geführt wurden, wurden jene Interviews, die die subjektiven Erfahrungen von goranischen MigrantInnen wiedergeben, als narrative Interviews geführt. Einige davon werden auch mehr oder weniger ausführlich als Fallbeispiele in diesem Buch zitiert. Sie erzählen individuelle Migrations- und Fluchtgeschichten aus der Perspektive der Betroffenen selbst und sind damit nicht notwendigerweise ‚objektiv', sondern parteiisch. Gerade in Österreich, wo Migrationsgeschichte jedoch fast immer nur aus mehrheitsösterreichischer und institutioneller Perspektive erzählt wird, erscheint diese Perspektive – im Bewusstsein um ihre Subjektivität – eine wichtige Ergänzung zu bestehenden Narrativen.

Auch wenn diese Arbeit nicht als Theoriearbeit angelegt wurde, basiert auch diese Forschung auf theoretischen Grundlagen, die in die Arbeit einbezogen wurden.

Die Beschäftigung mit peripherisierten Regionen wäre heute ohne die Grundlage, die neo-marxistische Sozialanthropologen wie Claude Meillassoux, Entwicklungssoziologen wie Hans-Dieter Evers oder kritische Humangeographen wie David W. Harvey oder Neil Smith gelegt haben, schwer vorstellbar. Peripherisierung und ungleiche Entwicklung sind weder neue Phänomene, noch regional begrenzte, sondern waren immer auch Bestandteil der Geographie des Kapitalismus.[3] Peripherien entstehen also, wie es die Sozialanthropologin Andrea Fischer-Tahir und der Humangeograph Matthias Naumann formulieren, *„from the intrinsic logic of uneven development in capitalist societies. They are the*

3 Vgl. Smith 1984: xi.

*result of specific capital investment policies and political decision-making on particular scales.*"[4]

Insofern ist Peripherisierung kein Naturgesetz oder bloße Folge der Geographie, sondern immer eng mit der Politischen Ökonomie verbunden. Sie ist Resultat konkreter politischer Entwicklungen und Entscheidungen und nicht bloßes Schicksal oder etwa – wie im Fall der Gorani – eine natürliche Folge des Lebens in den Bergen. Dieses Buch wird immer wieder aufzeigen, wie Nationalismen, Grenzziehungen und Nationalstaaten aber auch Migrationsregime zur Peripherisierung einer Region führten.

Eine Arbeit wie diese berührt jedoch nicht nur Fragen der Peripherisierung, sondern insbesondere auch Fragen von Migration und Diaspora. Wie dieses Buch aufzeigen wird, blicken die Gorani auf eine lange und komplexe Migrationsgeschichte zurück aus der sich in vielfacher Hinsicht mit der Herkunftsregion verknüpfte Diasporen entwickelt haben. Traditionelle Ansätze der Migrationsforschung, die von einer einmaligen Migration von einem in einen anderen Staat ausgingen, sind für solch eine Situation weniger hilfreich, als transnationale und transkulturelle Perspektiven, wie sie seit den 1990er-Jahren von Nina Glick Schiller, Linda Basch und Cristina Blanc-Szanton diskutiert wurden.[5] Wie die Theorien zur Peripherisierung kontextualisieren auch Schillers, Baschs und Blanc-Szantons Ansätze in der Migrationsforschung die Entwicklung von Migration und Diaspora-Communtiies mit der Entwicklung der Internationalen Politischen Ökonomie.

Eine Analyse des Transnationalismus basiert auf der Annahme einer Verbindung der Welt durch das globale kapitalistische System. *„Diese Perspektive"* so Schiller, Basch und Blanc-Szanton, *„versetzt uns in die Lage, die ökonomischen Kräfte zu analysieren, die internationale Migrationsbewegungen strukturieren, und die Reaktionen der Migranten, ihre Überlebensstrategien, kulturellen Praxen und Identitäten innerhalb dieses weltweiten, historischen Kontextes differenzieller Gewalt und Ungleichheit einzuschätzen."*[6]

---

4 Fischer-Tahir / Naumann 2013: 18.

5 Vgl.: Schiler / Basch / Blanc-Szanton 1992.

6 Schiller / Basch / Blanc-Szanton 1997: 90.

Für eine Gesellschaft, in der die in der Migration gewonnenen Einkommen so zentral geworden sind, wie für die Gorani, sind zudem Ansätze, die Migration im Kontext von Familienökonomien analysieren, interessant. Migration lässt sich so auch als geographische Diversifizierung von Familieneinkommen analysieren.[7] In den kapitalistischen Zentren erwirtschaftete Einkommen werden auch zum Erhalt der Familienökonomie im Herkunftsland verwendet.

Gerade für eine Gesellschaft wie die Gorani sind schließlich Ansätze sinnvoll, wie sie zuletzt von Jeffrey H. Cohen und Ibrahim Sirkeci formuliert wurden und ‚Cultures of Migration' beschreiben. Sie verweisen darauf, dass nicht nur MigrantInnen selbst in eine solche Kultur der Migration eingebunden sind, sondern auch NichtmigrantInnen von der Arbeit von Verwandten und Freunden, die migriert sind, abhängig sind.[8]

All diesen Ansätzen gemeinsam ist letztlich, dass sie Peripherisierung und Migration weder als isolierte Phänomene noch als natürlich begreifen, sondern jeweils im Kontext der Politischen Ökonomie betrachten und dabei Herkunftsregion und Zielregion von Migration als Teil einer kapitalistischen Weltwirtschaft begreifen. Ökonomie, Politik, Peripherisierung und Migration werden somit nicht als isolierte Phänomene betrachtet, sondern in ihren Wechselwirkungen zusammen gedacht.

7 Vgl. u.a.: Stark / Bloom 1985; Stark / Taylor / Yitzhaki 1986.
8 Cohen / Sirkeci 2011: 117.

## Gora: Eine Kulturlandschaft an der Grenze

Wer von der alten osmanischen Stadt Prizren, die mit seinen unterschiedlichen Sprachen und Religionen vielleicht überhaupt die letzte Osmanische Stadt der Welt darstellt, in Richtung Albanien fährt und dann auf halbem Weg nach Süden abbiegt, fährt inmitten einer ständig ansteigenden Berglandschaft in jenes Gebiet, das von seinen BewohnerInnen Gora – südslawisch für Berge – genannt wird. Hier im Dreiländereck zwischen Kosovo, Albanien und Mazedonien leben in einer atemberaubenden Landschaft slawischsprachige Muslime, die sich selbst als Gorani bezeichnen, die jedoch in der Geschichte immer wieder von unterschiedlichen Nachbarn vereinnahmt wurden und sich mit unterschiedlichen Selbstidentifikationen ihr Überleben sicherten.

Ihre eigene Sprache, die nicht nur geographisch, sondern auch politisch marginalisiert wurde, wird heute noch in der Stadt Dragaš und je nach Zählweise bis zu 18 Dörfern im Kosovo, in 9 bis 10 Dörfern in Albanien und zwei Dörfern in Mazedonien gesprochen. Als eigenständige Minderheit sind sie lediglich im Kosovo anerkannt.

Zwischen den Nationalitätenkonflikten der ‚großen' Nationen der Region – insbesondere des Serben- und Albanertums – zerrieben, versucht hier eine marginalisierte transnationale Minderheit ihr Überleben zu sichern. Schwierig ist dies nicht nur aufgrund der politischen Lage, sondern auch aufgrund des damit verbundenen ökonomischen Niedergangs der Region. Von den riesigen Schafherden, die bis in die 1980er-Jahre hinein diese Bergwelt durchstreiften und zu einem wesentlichen Teil des Einkommens ihrer BewohnerInnen beitrugen, sind heute nur noch kleine Reste vorhanden. Die realsozialistische Textilfabrik in Dragaš stand nach 1999 lange Jahre leer und beschäftigt heute in türkischem Besitz nur noch einen Bruchteil der einstigen Angestellten und hochtrabende Tourismuspläne stecken bisher bestenfalls in den Kinderschuhen.

Eine Antwort darauf stellt die verstärkte Migration dar. Tausende GoranerInnen sind in den letzten Jahren nach Serbien, Mazedonien aber auch nach Deutschland, Österreich, Italien oder Frankreich ausgewandert. Wie dieses Buch zeigen wird, handelt es sich dabei zwar in den letzten Jahren um ein verstärktes aber um kein neues Phänomen. Bereits im 19. Jahrhundert gingen junge Männer aus der Region in die Städte des Osmanischen Reiches und halfen damit auch den in den Dörfern zurückgebliebenen Familien zu überleben. Die Gorani entwickelten eine Migrationskultur, die sich auch in Liedern und Gedichten widerspiegelte und die diese raue Bergregion immer in einen größeren Zusammenhang einbettete.

So abgelegen die Dörfer der Gorani waren, so waren sie doch nie von der Außenwelt isoliert. Alte Handelswege führten bereits in vorosmanischer Zeit durch die Region und goranische Büchsenmacher und Zuckerbäcker waren bereits im Osmanischen Reich von Sarajewo bis Istanbul berühmt.

Bis zum Zusammenbruch des Osmanischen Reiches, ja teilweise noch bis zum Zusammenbruch Jugoslawiens, war *Gora* immer in große multiethnische Reiche integriert und nutzte die Möglichkeiten, die sich aus dieser Einbindung in einen größeren Wirtschaftsraum ergaben. Erst mit dem Nationalismus und der Etablierung kleiner Nationalstaaten wurde die Region wirklich zur Peripherie.

Heute ist *Gora* auf drei Staaten aufgeteilt. Die Dörfer der Gorani liegen an den Rändern Albaniens, des Kosovo und Mazedoniens. Die folgenden Karten geben einen Überblick über das Siedlungsgebiet der Gorani und die Grenzen der Staaten, die dieses durchschneiden. Wie jedes Kartenmaterial bleibt auch diese schematisch. Während die Dörfer tatsächlich entweder goranisch oder albanisch besiedelt sind, leben in der ehemals fast vollständig goranischen Stadt Dragaš immer mehr AlbanerInnen. Zugleich stellen Kukës und Tetovo regionale urbane Zentren dar, die auch Gorani aus den nahe gelegenen Dörfern angezogen haben. Tetovo spielt v.a. als Markt- und Arbeitsplatz für viele Gorani aus den beiden goranischen Dörfern Mazedoniens eine wichtige Rolle. In Kukës haben sich auch viele Gorani aus den Dörfern in Albanien dauerhaft niedergelassen. Die Stadt fungiert gewissermaßen auch als intellektuelles Zentrum für die albanischen Gorani. Bis zum Krieg 1999 galt dies auch für die nördlich von Dragaš gelegene kosovarische Stadt Prizren, die mit ihrer slawisch-muslimischen, türkischen und Roma-Minderheit immer noch eine der vielfältigsten Städte des Kosovo darstellt. Von den Gorani aus den Dörfern von Gora sind nach 1999 allerdings nur wenige in Prizren geblieben.

Karte 1: Verortung von Gora im gegenwärtigen Südosteuropa.

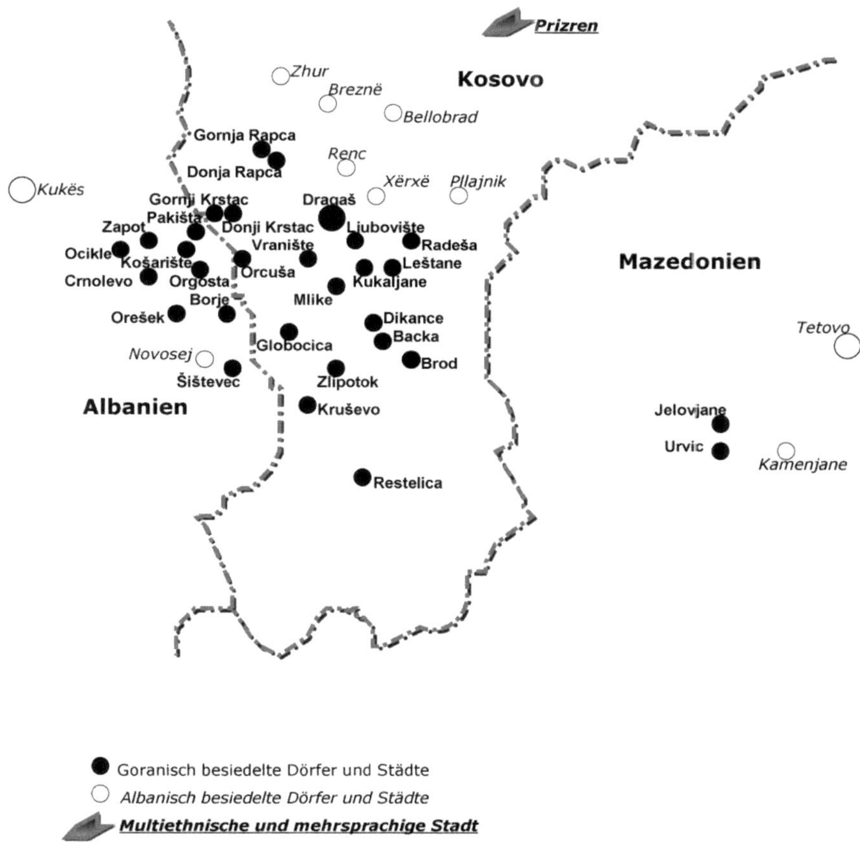


Karte 2: Goranische Dörfer in Albanien, Kosovo und Mazedonien.

## Herkunft und Ethnogenese der Gorani

Über die Herkunft der Gorani herrscht sowohl unter den wenigen WissenschaftlerInnen, die sich mit den Gorani beschäftigt haben, als auch unter den Gorani selbst[9] große Uneinigkeit. Da die goranische Bevölkerung selbst als Bauernbevölkerung weit ab der urbanen Zentren über Jahrhunderte hinweg kaum eigene schriftliche Quellen hinterlassen hat und als kleine Minderheit auch nicht regelmäßig zum Thema von Reiseschriftstellern wurde, finden sich keine schriftlichen Quellen über die frühe Geschichte der Gorani. In der Region wurden zudem auch kaum archäologische Grabungen durchgeführt. Insofern bleiben die Theorien über die Herkunft der Gorani bislang Theorien, die noch dazu stark von politischen Opportunitäten beeinflusst sind. Während proserbische AutorInnen in den Gorani im Wesentlichen Serben sehen, die unter osmanischer Herrschaft islamisiert wurden, sehen wiederum manche albanische AutorInnen in ihnen slawisierte AlbanierInnen oder andere Balkanvölker.

Slawische Muslime waren im Osmanischen Reich keineswegs eine Besonderheit. Von den Pomaken (помаци bzw. heute amtlich als българи-мохамедани, Bulgaro-Mohammedaner bezeichnet) in Thrakien[10] bis zu den muslimischen Bosniaken bildeten die slawischen Muslime einen nicht unwesentlichen Teil der muslimischen Bevölkerung der europäischen Teile des Osmanischen Reiches. Im multiethnischen Osmanischen Reich galten sie alle als Teil der herrschenden sunnitischen Bevölkerung, unabhängig von ihrer jeweiligen Muttersprache. Erklärungsbedürftig wurde die Existenz slawischsprachiger Muslime erst mit dem Niedergang der Osmanischen Herrschaft auf dem Balkan und der Besetzung des Gebietes durch Serbien. Serbien betrachtete in einer umgekehrten Fortschreibung des Osmanischen Millet-Systems die Zugehörigkeit zur serbisch-orthodoxen Kirche als zentrales Charakteristikum für die Zugehörigkeit zur serbischen Nation. Slawen anderer religiöser Zugehörigkeit wurden damit erklärungsbedürftig. Mit der nationalen Aufteilung Südosteuropa entstand erst der Druck auf die

---

9 Diese beiden Gruppen überschneiden sich zum Teil auch stark.
10 Vgl. Steinke / Voss 2007.

Gorani, sich einer nationale Identität zuzurechnen oder selbst eine zu entwickeln.

Die Erklärung oder Konstruktion der eigenen Herkunft spielt dabei eine zentrale Rolle. Ob bzw. wie viel diese Herkunftserzählungen mit einer objektiven historischen Realität zu tun haben, ist dabei für jene, die an diesen arbeiten, oft nur zweitrangig. Spätestens mit den kritischen Nationalismustheorien der 1980er-Jahre[11] wissen wir nicht nur, dass Nationen immer konstruierte ‚vorgestellte Gemeinschaften' sind, sondern auch, dass für diese Vorstellung die Konstruktion einer Nationalgeschichte, die sich selektiv an bestimmte historische Ereignisse erinnert und andere ‚vergisst' von zentraler Bedeutung ist. In diesem Prozess der Konstruktion unterschiedlicher und rivalisierender Nationalgeschichten waren die kleineren Minderheiten, die als Resultat der Balkankriege keine Nationalstaaten gründen konnten oder wollten, zunächst ins Hintertreffen geraten. Im Laufe des 20. Jahrhunderts sahen sie sich jedoch selbst gezwungen, sich entlang dieser neuen Nationalgeschichten zu verorten bzw. ihre eigene Rolle darin zu finden. Die heutigen Thesen zur Ethnogenese der Gorani – und zwar sowohl jene der Gorani selbst als auch jene von serbischer, albanischer oder mazedonischer und bulgarischer Seite – sind deshalb im Kontext dieser nationalistischen Geschichtskonstruktion zu lesen und spielen sich nicht im luftleeren oder unpolitischen Raum ab.

Während von serbischer Seite Druck ausgeübt wurde, sich als islamisierte Serben zu begreifen, wurde von albanischer Seite ein Bekenntnis zum Albanertum propagiert, was nicht nur die Gorani, sondern auch andere slawische, slawophile und türkische Muslime betraf.[12] Diesen beiden nationalen Geschichtserzählungen gesellten sich schließlich auch noch bulgarische bzw. bulgaro-mazedonische Geschichtsbilder hinzu, die die Gorani als islamisierte Bulgaren bzw. Mazedonier betrachten, sowie Narrative, die eine Verbindung zu den Turkvölkern suchen.

11 Vgl. Anderson 1983; Gellner 1995; Hobsbawm 1991.

12 Vgl. Pichler 2009: 170.

Von albanischen und kosovo-albanischen AutorInnen wird bis heute oft auf die illyrische Geschichte der Region verwiesen.[13] Angesichts der in Albanien im Zuge des totalitären Regimes unter Enver Hoxha in allen Schichten der Bevölkerung durchgesetzten Illyrerthese, wonach die AlbanerInnen direkte Nachkommen der IllyrerInnen wären,[14] wird damit unterschwellig ein historischer Anspruch auf die Region gestellt. So ist etwa der kosovo-albanische Historiker Muharrem Qafleshi in seinem Buch über die Geschichte von Opoja und Gora bemüht dem an sich als eher proalbanisch geltenden Historiker Noel Malcolm zu widersprechen, der von einer slawischen Herkunft der heute albanischen BewohnerInnen von Opoja ausging.[15] Für Qafleshi ist es hingegen offensichtlich, dass diese Region seit alter Zeit von Illyrern und später von Albanern bewohnt wäre.[16] Qafleshi führt für diese These die Verbreitung angeblicher illyrischer Bräuche auch bei Albanern und Gorani der Region an und vertritt die These einer späten Slawisierung durch eine relativ kleine Gruppe slawischer Zuwanderer.

Dem gegenüber steht die serbische Geschichtskonstruktion, die von einer alten serbischen Besiedlung der Region ausgeht und eine späte Islamisierung der eigentlich ‚serbischen' Gorani – auf Serbisch Goranci – propagieren. Harun Hasani hält die Gorani für eine islamisierte serbisch-slawische Population.[17] Er beruft sich dabei auf eine Reihe von serbischen Autoren, die alle von einer osmanischen Islamisierung einer serbischen Bevölkerung ausgingen und die sich in der ersten Hälfte des 20. Jahrhunderts als serbische Nationalhistoriker verstanden.

Auch diese Autoren unterscheiden sich allerdings im Zeitraum in dem sie die Islamisierung der Gorani festmachten. Jovan Cvijić hielt den Islamisierungsprozess bereits für im 16. Jahrhundert abgeschlossen,[18] während andere Autoren, wie der österreichisch-serbische Schriftsteller und Politiker Laza Kostić, der von 1873 bis 1876 als serbischnationalistischer Abgeordneter im Pester Parlament saß von einer spä-

13 Vgl. Kosova 2007: 11.

14 Vgl. Schmitt 2012: 38.

15 Malcolm 2002: 197.

16 Qafleshi 2012: 259.

17 Hasani 2002: 34; Hasani 2007: 144.

18 Vgl. Cvijić 1911: 1098.

ten Islamisierung ausgehen, die erst im 19. Jahrhundert ihren Abschluss gefunden haben soll.[19]

Auch wenn keiner dieser Schriftsteller und Historiker nach heutigem wissenschaftlichen Standard Belege für ihre Thesen vorlegen konnte, so spielen ihre Interpretationen der goranischen Herkunft und Ethnogenese nicht nur für die serbische Geschichtswissenschaft heute immer noch eine wichtige Rolle, sondern werden auch von proserbischen Gorani selbst rezipiert. Einige wenige Proponenten dieser These gingen sogar so weit, die Zugehörigkeit der Gorani zum Islam ablehnten und eine Rückkehr zur serbisch-orthodoxen Kirche propagierten.

Diesen Geschichtsinterpretationen der rivalisierenden Nationalstaaten gesellen sich heute allerdings weitere historische Erzählungen hinzu, die sich teilweise an andere Nationalstaaten anlehnen.

Die wahrscheinlich abenteuerlichste These zur Ethnogenese der Gorani vertritt der aus Zlipotok stammende Lokalhistoriker und Sprachforscher Ramadan Redžeplari, der versucht eine Verbindung der Gorani zu den Türken herzustellen und eine frühe Islamisierung der Region zu argumentieren. Redžeplari hält die Gorani für Nachkommen einer angeblich vor 2.500 Jahren aus Zentralasien in den Balkan erfolgten Migration türkisch-mongolischer Stämme. Der Name der Gorani käme nicht vom slawischen Gora für ‚Berg', sondern von der zentralasiatischen Ziegengattung der Gorale (*Naemorhedus*), die Gorani auf ihrer Migration aus Zentralasien über das Schwarze Meer nach Gora mitgebracht hätten. Receplari verweist für seine These auf turkomongolische Wörter in der goranischen Sprache, die er nicht dem Einfluss des Osmanischen Reiches zugesteht, sondern für den ursprünglichsten Teil der goranischen Lexik hält. Die Sprache der Gorani wäre dieser These nach also im Wesentlichen eine slawisierte Turksprache. In ihrer Urheimat, im heutigen Afghanistan, hätten sie eine Region mit dem Namen Gural Devleti (Türkisch für ‚Land der Gorale' bewohnt, wo sie einen eigenen Staat mit hoher Kultur gehabt hätten, ehe sie nach Westen migriert wären und schließlich im heutigen Gora angekommen wären. Die frühen Gorani wären bei ihrer Migration nach Südosteuropa schamanistisch gewesen und hätten direkt vom Schamanismus ausge-

19 Kostić 1928: 47f.

hend den Islam angenommen. Redžeplari sieht sogar eine Verbindung mit den südkurdischen Gûranî,[20] die er für kurdisierte Gorani hält.[21]

Nazif Dokle, einer der wichtigsten goranischen Intellektuellen aus Albanien, der sich v.a. mit der Sprache und Geschichte der Gorani beschäftigt hat, präsentiert eine Reihe von Indizien, die dafür sprechen, dass die Gorani als Nachkommen slawischsprachiger Bogomilen zu betrachten wären. Die Anhänger dieser vom 10. bis zum 15. Jahrhundert in Südosteuropa bis nach Anatolien hinein verbreitete christliche Sekte, die im Wesentlichen eine dualistische – von einigen AutorInnen deshalb als ‚neo-manichäisch' beschriebene[22] – Armenbewegung darstellte und massive Verfolgungen durch die Großkirchen und den Staat erleben musste, könnten tatsächlich in unzugänglichen Bergregionen Schutz vor Verfolgung gesucht haben. Dokle beruft sich in seiner Theorie neben sprachlichen Ähnlichkeiten zwischen dem Begriff der Torbeš, die als Fremdbezeichnung für mazedonischsprachige Muslime (manchmal inclusive der Gorani) verwendet wird, und dem Begriff für ‚Bettler' auf einige Funde mit bogumilischen Symbolen aus den goranischen Dörfern Borje und Šištevec in Albanien.[23]

Über die religiöse Zugehörigkeit der Vorfahren der Gorani lässt sich bislang keine wirklich verbindliche Aussage treffen. Faktum ist, dass es heute – durchaus im Gegensatz zu den benachbarten mehrheitlich albanischsprachigen Gebieten - keine bekannten christlichen Heiligtümer in der Region Gora gibt aber auch frühe muslimische Bauwerke fehlen.[24] Allerdings stammt der erste Vorgängerbau der Moschee vom Mlike der lokalen Tradition und einer Tafel gemäß aus dem Jahr 1238. Als die Moschee nach einer Zerstörung 1822 wieder neu erbaut wurde, wurde dort auch eine Tafel angebracht, auf der zu lesen ist, dass die

---

20 Die Gûranî sprechen eine iranische Varietät, die von manchen Linguisten als Dialekt des Kurdischen, von anderen als eigene Sprache betrachtet wird, die heute von ca. 500.000 Menschen gesprochen wird. Die Varietäten des Gûranî zählen zu den ältesten schriftlich belegten Formen des Kurdischen. Es gibt keinerlei Indizien dafür, dass die Vorfahren der Gûranî in historisch belegbarer Zeit iranisiert worden wären.

21 Interview mit Ramadan Redžeplari, Zlipotok, 17. August 2012.

22 Vgl.: Obolensky 1948; Runcinan 1949.

23 Dokle 2009: 215ff.

24 Dérens / Geslin 2010: 127.

erste Moschee hier 1238 errichtet wurde.[25] Damit wäre die Moschee von Mlike, eine der ältesten islamischen Moscheen der gesamten Balkanhalbinsel.

Im Vergleich dazu nehmen sich die heute noch bestehenden Moscheen Südosteuropas geradezu jung aus. Die ältesten Moscheen in Mazedonien stammen aus dem 15. Jahrhundert. Die so genannte Kaisermoschee, die die Osmanen nach der Eroberung Bosniens in Sarajewo errichten ließen, wurde erst 1457 errichtet, der heutige Bau stammt aus 1565. Alle anderen bedeutenden historischen Moscheen Bosniens, wie die Gazi Husrev-begova džamija in Sarajewo oder die Šišman Ibrahim Paša džamija in Počitelj oder die im Bosnien-Krieg 1993 von serbischen Milizen zerstörte Ferhat-pašina džamija in Banja Luka, stammen alle aus dem 16. Jahrhundert. Die Bajrakli džamija in Belgrad wurde um 1575 errichtet. Die ältesten noch bestehenden Moscheen in Prizren stammen aus dem 16. und die berühmte Sinan Pasha Moschee gar erst aus dem frühen 17. Jahrhundert.

Ein Zertifikat des syrischen Religionsministeriums vom 10. Oktober 1995 behauptet, dass Mitglieder einer Familie aus Aleppo zwischen 1095 und 1291 nach Gora ausgewandert wären und dort u.a. die Moschee von Mlike gebaut haben sollen. Das Viertel, in dem die Moschee steht, wird heute noch als Halepovci bezeichnet, was als ‚Viertel der Leute von Aleppo' übersetzt werden könnte. Wenn dem tatsächlich so sein sollte, wäre der Islam schon vor der osmanischen Eroberung der Region im 15. Jahrhundert[26] nach Gora gekommen. Ramadan Redžeplari, der die These einer frühen Islamisierung der Region vertritt, kann zusätzlich auf einen vorosmanischen islamischen Grabstein aus Zlipotok verweisen, der aus dem Jahr 1185 stammen soll und in Arabisch abgefasst ist.

25 Kosova 2007: 29.
26 Prizren fiel 1459 endgültig unter Osmanische Herrschaft.

Abb. 1: Osmanische Tafel beim Eingang in die Moschee von Mlike, die darauf hinweist, dass der Vorgängerbau im Jahr 1238 errichtet wurde.

Abb. 2: Vorosmanischer Grabstein einer Frau mit der Jahreszahl 1185, der im Jahr 2000 auf einer Straße in Zlipotok gefunden wurde. Die lokale Bevölkerung glaubt, dass der Grabstein vom alten Friedhof des Dorfes gestohlen wurde. Für Ramadan Redžeplari ist der Grabstein der Beweis einer frühen, vorosmanischen Islamisierung der Gorani. Er glaubt, dass damit die christliche Zeitrechnung gemeint sei. 1185 Hijri (islam. Zeitrechnung) würde hingegen 1771/72 n.Chr. entsprechen.

Die Existenz authentischer vorosmanischer islamischer Grabsteine würde noch immer nicht belegen, dass die Gorani bzw. alle Gorani damit bereits vor der osmanischen Eroberung des Balkans Muslime gewesen wären – es kann sich auch um eine kleine Gruppe von Muslimen innerhalb einer nichtmuslimischen Bevölkerung gehandelt haben – allerdings würde dies auf jeden Fall gegen die These einer späten unter osmanischem Druck erfolgten Islamisierung der Region sprechen.

Es ist durchaus möglich, dass die Vorfahren der heutigen Gorani unterschiedlichen Religionen angehört haben und sowohl die These einer frühen Islamisierung, als auch die These einer bogumilischen oder orthodoxen (oder gar katholischen) Zugehörigkeit der Vorfahren der heutigen Gorani für einen Teil der Bevölkerung richtig ist, sich die völlige Islamisierung der GoranerInnen aber erst nach der Eingliederung des Gebietes in das Osmanische Reich vollzogen hatte.

Dasselbe gilt allerdings auch für die sprachliche Herkunft der Gorani. Oliver Jens Schmitt, einer der führenden Historiker zum Kosovo, hielt bereits 2008 in seiner Einführung in die Geschichte des Kosovo fest, dass es im Mittelalter, vor der Osmanischen Eroberung der Region zumindest in der Elite keinen ethnischen Gegensatz zwischen Serben und Albanern erkennen konnte.[27] Leider wissen wir weit weniger über die nicht schriftkundigen einfachen Leute, zu denen wahrscheinlich auch die Vorfahren der heutigen Gorani zählten. Allerdings spricht Schmitt für das Mittelalter von einer *„albanisch-slawischen Symbiose"*[28] an der wohl auch die Vorfahren der Gorani Anteil hatten. Wer die vormoderne Mehrsprachigkeit im Kosovo und Albanien kennt und bedenkt, dass Sprachvarietäten vor der Herausbildung moderner Nationalismen nicht als Distinktionsmerkmal zwischen Gruppen verwendet wurden, sondern im Osmanischen Reich die Religionen als Marker kollektiver Identitäten verwendet wurden, muss es für möglich halten, dass Teile der goranischen Bevölkerung früher auch Albanisch, Türkisch oder gar Aromunisch gesprochen haben könnten, während zugleich in anderen Regionen ein Sprachwechsel vom Slawischen zum Albanischen oder Türkischen erfolgt sein könnte. Auch in Bergregionen können ethni-

27 Schmitt 2008: 62.
28 Schmitt 2012: 48.

sche Identitäten über einen längeren historischen Zeitraum hinweg wesentlich fluider gewesen sein, als es auf den ersten Augenblick hin scheint und v.a. als es von den Akteuren nationaler Identitätsbildung heute dargestellt wird.

Politikwissenschaftlich interessant sind damit allerdings auch jene Thesen über die Herkunft der Gorani, die vielleicht weniger mit der historischen Realität, als mit der Konstruktion einer historischen Realität zu tun haben und damit aufgrund bestimmter politischer Interessen jeweils eine Nähe zu Serben, Albanern, Bosniaken oder Türken herstellen.

## Sprache

Die Gorani sprechen ein südslawisches Idiom, das je nachdem als Dialekt oder eigene Sprache definiert wird. Frei nach dem jiddischen Sprachforscher Max Weinreich, der den Satz geprägt hat, dass eine Sprache ein Dialekt mit einer Armee und einer Marine wäre,[29] ist es für die Sprachform der Gorani, wie für alle südslawischen Standardsprachen, eher eine politische als eine linguistische Frage, ob es sich dabei um eine eigene Sprache handelt.

Die Gorani selbst bezeichnen ihr Idiom als *Našinski*, was nichts anderes als „unsere Sprache" bedeutet. Sie gehört zum südslawischen Dialektkontiunuum, das von den Alpen bis zum Schwarzen Meer reicht und aus dem sich das Slowenische, Bulgarisch, Mazedonische, Serbokroatische – und seine Nachfolgesprachen Serbisch, Bosnisch, Kroatisch und Montenegrinisch - als Amtssprachen herausgebildet haben. Gemeinsam mit dem Mazedonischen, Bulgarischen, Albanischen, Rumänischen, den torlakischen Dialekten des Serbischen und teilweise auch dem Griechischen, gehört das Našinski aber auch zum so genannten Balkansprachbund, der genetisch nicht näher verwandte Sprachen bezeichnet, die trotzdem auffallende strukturelle Ähnlichkeiten besitzen.

Das Našinski wird von vielen Linguisten der Dialektgruppe des Torlakischen zugerechnet, hat aber auch viele Lehnworte aus dem Türkischen, Albanischen und Mazedonischen aufgenommen. Mit dem Mazedonischen ist es auch strukturell verwandt, sodass es nicht zuletzt politisch bedingte Debatten darüber gibt, ob es sich dabei um eine eigene Sprache oder jeweils um einen serbischen, mazedonischen oder gar bulgarischen Dialekt handelt. Bulgarische Nationalisten beanspruchen oft nicht nur das Mazedonische – und damit auch das Našinski – als Teil des Bulgarischen, sondern auch die torlakischen Sprachgebiete um das südserbische Niš und die südlichen Gebiete des Kosovo.

---

29 In einem Artikel in der jiddischen Zeitschrift ‚yivo bleter', Jänner – Juli 1945, S. 13, legte der im Russischen Zarenreich geborene Sprachwissenschafter folgenden jiddischen Satz einem seiner Studierenden in den Mund „der a schprach is a dialekt mit an armej un flot".

Das Našinski ist bis heute eine überwiegend mündlich verwendete Sprache, wird allerdings auch geschrieben. Es ist Alltagssprache in allen goranischen Dörfern im Kosovo, Albanien und Mazedonien, besitzt aber in keinem der drei Staaten den offiziellen Status einer Amtssprache. Im Kosovo wird die Sprache unter ‚Bosnisch' subsumiert. Die Schulbildung in den Dörfern ist entweder ‚serbisch' oder ‚bosnisch', wobei de facto mündlich oft in Našinski unterrichtet wird.

Die sprachliche Situation wird noch komplexer durch die Tatsache, dass das Našinski im Kosovo durch die fast 90 Jahre dauernde serbische Herrschaft und die Versuche der Serbisierung durch Schulbildung und serbische Medien, stark vom Serbischen als Dachsprache überlagert wurde und auch in seiner mündlichen Form von der serbischen Standardsprache beeinflusst wurde. In Albanien, wo eine solche slawische Dachsprache fehlte, erhielten sich hingegen stärker ältere Formen des Našinski. Von den goranischen Dialekten Albaniens liegt seit 2010 eine detaillierte Studie der beiden Linguisten Klaus Steinke und Xhelal Yilli vor.[30] Die Lexik der albanischen Varietäten des Našinski bildet auch die Grundlage des ersten umfassenden Wörterbuchs der Sprache, das 2007 publiziert wurde.

Našinski ist allerdings keineswegs nur eine Alltagssprache, sondern hat im Vergleich zu seiner geringen Zahl an SprecherInnen einen reichen Schatz an Liedern und Gedichten hervorgebracht. Weniger ausgeprägt sind andere Literaturgattungen, was nicht zuletzt auch ökonomische Gründe hat. Es gibt in keinem der Dörfer ein Verlagshaus. Bücher oder Zeitschriften sind für einen so kleinen Kreis potenzieller LeserInnen nur schwer zu drucken. Es gibt allerdings sehr wohl einzelne Bücher in Našinski. Nazif Dokle aus Borje hat goranische Gedichte publiziert. Der 1964 in Rapča geborene Vejsel Hamza und der 1967 in Restelica geborene Mustafa Balje gehören zu den bekanntesten zeitgenössischen Lyrikern, die ihre Gedichte in Našinski veröffentlichen. Der ebenfalls aus Rapča stammende Hamid Islami hat neben Lyrik auch Dramen verfasst. Und der in Kruševo lebende Sprachwissenschaftler und Politiker Sadik Idrizi Aljabak hat ebenfalls Lyrik in Našinski publiziert.[31] Rama-

30 Steinke / Yilli 2010.

31 Aljabak 2012.

dan Redžeplari aus Zlipotok hat in den letzten Jahren insgesamt drei Bände mit goranischen Geschichten sowie einen Band mit Liedtexten in Našinski herausgegeben, die als Sammlung traditioneller Literatur und Folklore gelten.[32]

Es gibt allerdings wesentlich mehr schriftliche Literatur als jene, die tatsächlich publiziert wurde. So verfasste zum Beispiel Nevruz Mehmeti, ein Lehrer aus Borje und Generalsekretär eines goranischen Kulturvereins, mehrere Gedichtbände in Našinski, die er jedoch aus finanziellen Gründen bislang nicht publizieren konnte. Insbesondere bei den albanischen Gorani scheitern Publikationen sehr oft an ihren geringen finanziellen Möglichkeiten.

Wenn Goranisch/Našinski als Schriftsprache verwendet wird, sind sowohl das kyrillische als auch das lateinische Alphabet in Verwendung. Historisch wurde die Sprache teilweise auch mit arabischem oder sogar in griechischem Alphabet geschrieben. Das über das Osmanische übernommene arabische Alphabet spielt heute zwar nur noch in einem religiösen Kontext eine gewisse Rolle, allerdings wurde es auch nach der serbischen Eroberung des Gebietes verwendet. So finden sich auf einigen Friedhöfen der Region noch Grabsteine vom Ende der 1920er-Jahre, auf denen nicht nur Suren aus dem Koran in Arabisch zu lesen sind, sondern auch die Daten des Verstorbenen in arabischer Schrift dargestellt werden. In den letzten Jahren setzt sich allerdings das lateinische Alphabet deutlich stärker durch, was auch mit dem Rückgang des serbischen Einflusses in der Region zu tun hat.

Immerhin gibt es ein von Nazif Dokle zusammengestelltes umfangreiches Wörterbuch Našinski – Albanisch, das 2007 von der Bulgarischen Akademie der Wissenschaften herausgegeben wurde.[33] Ramadan Redžeplari arbeitet derzeit ebenfalls an einem einsprachigen Wörterbuch, das auch etymologische Hinweise enthält und das in den nächsten Jahren veröffentlicht werden soll.

In den Dörfern selbst sind Inschriften auf Gräbern oder Brunnen oft in Našinski verfasst. Insgesamt ist die Zahl schriftlicher Sprachdokumente

32 Redžeplari 2005, 2006, 2008, 2011.

33 Dokle, Nazif: Reçnik Goransko (Nashinski) – Albanski. Sofia 2007.

allerdings bis heute relativ gering. Insbesondere fehlt es an Unterrichtsmaterial und Kinderbüchern um den nächsten Generationen Zugang zu einer schriftlichen Verwendung der Sprache zu ermöglichen.

Als Schriftsprache verwenden deshalb viele Gorani heute nicht ihre Muttersprache, sondern entweder Serbisch/Bosnisch, Mazedonisch oder – in Albanien selbst – Albanisch. Im Kosovo sprechen viele allerdings kein Albanisch, was ihnen im albanisch dominierten Kosovo den Zugang zu Bildung und Medien erschwert.

Ob sich die Verwendung des Našinski als Schriftsprache über einen kleinen Kreis an Intellektuellen durchsetzen kann, wird nicht zuletzt an der zukünftigen politischen Situation der Minderheit liegen, insbesondere an einem eigenen goranischen Schulsystem.

## Kulturelle Traditionen, materielle Kultur und traditionelle Ökonomie

Die traditionelle Bauweise goranischer Dörfer bestand aus einfachen Häusern aus Stein, die mit einzelnen Holzbrettern verstärkt wurden und mit Schieferplatten aus der Region gedeckt wurden. Diese Häuser werden jedoch seit Jahrzehnten nicht mehr gebaut und mussten in den meisten Dörfern im Kosovo mittlerweile Ziegelhäusern weichen, wie sie auch sonst in der gesamten Region mittlerweile verbreitet sind. Lediglich in den goranischen Dörfern in Albanien sind diese traditionellen Häuser noch verbreitet. Aber auch in den Dörfern im Kosovo und in Mazedonien stehen zumindest noch einzelne ältere Häuser, die der traditionellen Bauweise entsprechen. Vor allem in den kleinen und ärmeren Dörfern Bačka, Orčuša und Dikance lassen sich noch einige dieser traditionellen Steinhäuser finden. Viele davon stehen allerdings bereits leer oder werden nur noch als Schuppen verwendet. Noch dramatischer ist das Verschwinden der alten Steindächer. Die allermeisten verbliebenen alten Häuser werden heute von billigen Blechdächern vor Regen und Schnee geschützt. Über Jahrhunderte hinweg hatten massive Steindächer aus lokalen Schieferplatten, diese Häuser bedeckt. In vielen Dörfern sind diese Steindächer mittlerweile völlig verschwunden. In Brod gibt es im Ortszentrum noch ein Haus mit einem traditionellen Schieferdach, das zwar auch nicht mehr bewohnt ist, allerdings noch in seiner Bausubstanz halbwegs intakt zu sein scheint. Ein anderes Haus mit Schieferdach ist bereits völlig unbewohnbar und wird wohl im Laufe der nächsten Jahre endgültig einstürzen. Auch das letzte Haus mit Schieferdach in Restelica, mitten im Ortszentrum bei der Moschee ist mittlerweile in einem Zustand, der es unrettbar erscheinen lässt. Die Bevölkerung sieht im Allgemeinen keinen Grund diese traditionelle Bausubstanz zu erhalten, bzw. in solche alten Häuser noch etwas zu ihrer Modernisierung zu investieren. Es ist damit wahrscheinlich eine Frage der Zeit, bis die letzten dieser Häuser verschwinden. Selbst für eine museale Erhaltung einzelner Beispiele bliebe nur mehr wenige Jahre Zeit. Die malerischen Dörfer mit den goranischen Steinhäusern sind heute jedenfalls im Kosovo nicht mehr zu finden.

Abb. 3: In Restelica, im kosovarischen Teil von Gora, stand im Sommer 2013 nur noch ein abbruchreifes Haus mit traditionellem Steindach inmitten des Ortszentrums.

Abb. 4: In den ärmeren goranischen Dörfern in Albanien, wie hier in Crnolevo, haben sich bis heute die Steinhäuser mit ihren traditionellen Steindächern gehalten.

Lediglich in Albanien, wo sich die Bevölkerung aufgrund ihrer Armut keine neuen Häuser leisten kann, finden sich die alten Steinhäuser mit Steindächern noch in vermehrter Zahl, wobei die Faustregel gilt, dass je ärmer das Dorf ist, desto mehr traditionelle Bausubstanz erhalten blieb. So sind es denn auch die ärmsten goranischen Dörfer in Albanien, nämlich Crnolevo, Košarište und Pakišta, in denen am ehesten die Bausubstanz erhalten blieb. Hier konnte es sich bis heute kaum jemand leisten die alten Steindächer durch Blech- oder Ziegeldächer zu ersetzen, geschweige denn sein Steinhaus durch einen Ziegelbau auszutauschen. Lediglich die Satellitenantennen auf den Steindächern zeugen davon, dass man auch hier im 21. Jahrhundert angekommen ist.

Während die traditionellen Häuser mit massiven Steinplatten gedeckt waren, bildeten die Scheunen, in denen v.a. das das Heu für die langen Winter aufgewahrt wird, dazu einen starken Kontrast. Scheunen hatten, wenn überhaupt, nur eine steinerne Grundmauer auf die dann ein leichtes Holzgestell aufgesetzt wurde, das nach außen hin mit Stroh abgedichtet wurde und auf das dann ein immer wieder erneuertes Strohdach aufgesetzt wurde. Im Kosovo und in Mazedonien sind diese Wände und Dächer aus Stroh längst durch Blech ersetzt worden. In den goranischen Dörfern auf der albanischen Seite der Grenze werden die alten Strohdächer allerdings bis heute ständig erneuert.

In einigen goranischen Dörfern in Albanien sind immer noch traditionelle Getreidemühlen an Bächen in Betrieb, die mithilfe eines Wasserrades Mühlsteine antreiben. Einige wenige Mühlen befinden sich auch noch in den goranischen Dörfern im Kosovo, wobei diese allerdings nicht mehr in Betrieb sind. Im Prinzip unterscheiden sich diese Mühlen nur wenig von vorindustriellen Mühlen in Mitteleuropa. Auch der Getreideanbau, der hier während des kurzen und heißen Sommers auch auf großer Höhe noch möglich ist, wird auf der albanischen Seite der Grenze teilweise mit sehr archaisch anmutenden Methoden betrieben. Die Ähren werden mit Sensen geschnitten, dann zu Büscheln zusammengebunden und getrocknet, ehe sie händisch gedroschen werden. Gedroschen wird das Getreide mithilfe des Windes. Streu und Weizen werden in den Wind geworfen, der die schwereren Körner von der Streu trennt.

Diese Form des Getreideanbaus ist allerdings nicht in einer nahtlosen ‚traditionellen' Überlieferung zu sehen, wie sie auf den ersten Augenblick scheint. Die landwirtschaftlichen Produktionsgenossenschaften, zu denen die Dörfer unter Enver Hoxha zusammengefasst wurden, waren teilweise durchaus mit moderneren Maschinen ausgestattet. Keine dieser Produktionsgenossenschaften überlebte jedoch den Zusammenbruch des realsozialistischen Systems. Die Folge war eine Rückkehr zu Kleinlandwirtschaften, die sich keinerlei Maschinen mehr leisten könnten und die teilweise auf ältere Formen landwirtschaftlicher Produktionsweise zurückgreifen mussten, um die Subsistenz der Dörfer sicherzustellen.

In den teilweise fast baumlosen Bergregionen in den südlichen Dörfern der Region wird vielfach heute noch Rinderdung als Heizmaterial verwendet. Dazu wird der Kot der Tiere getrocknet und zu einer Mauer aufgeschichtet, die durch die gute Entlüftung einerseits dafür sorgt, dass das Heizmaterial nicht stinkt, andererseits aber auch eine praktische Aufbewahrungsmöglichkeit ist. In manchen Dörfern werden heute auch Autowracks als trockene Lagerstätte für den getrockneten Rinderdung verwendet. Im Winter wird das so zusammengetragene Heizmaterial dann in den Öfen der Häuser verheizt.

In den Dörfern auf der albanischen Seite der Grenze ist diese Heizmethode leider weitgehend unbekannt, was mit zur Abholzung der dortigen Buchenwälder beigetragen hat. Nach dem Zusammenbruch des realsozialistischen Regimes in Albanien waren die Dörfer dermaßen verarmt, dass sie nicht nur das Brennholz aus den einst dichten Wäldern holten, sondern ihre Berghänge weitgehend kahl schlugen um zumindest aus dem Holz etwas Geld zu machen. Heute steht auf der albanischen Seite der Grenze fast kein Baum mehr, der älter als fünfzehn Jahre ist, was auch zur Erosion der sensiblen Berghänge, sowie zu vermehrten Erdrutschen und Lawinenabhängen geführt hat. Die Tatsache, dass einige albanische Goraner nachdem die eigenen Bäume bereits geschlagen waren auch auf den Waldbestand auf der kosovarischen Seite übergriffen, führte teilweise zu Konflikten zwischen kosovarischen und albanischen Dörfern.

Abb. 5: Diese mit einem Holz-Wasserrad betriebene Mühle war im Sommer 2012 immer noch als Mühle des Dorfes Borje in Betrieb.

Abb. 6: Mit der Sichel eingebrachte Getreideernte in Šištevec.

Abb. 7: Dreschen mithilfe des Windes in Šištevec.

Abb. 8: Gestapelter Rinderkot in Brod, der im Winter als Heizmaterial verwendet wird, Juli 2012.

Abb. 9: Nicht nur in Brod dient der durch den Ort fließende Bach als Mülldeponie.

Abb. 10: Schaf- und Ziegenherden bilden bis heute eine der wenigen Einkommensquellen der lokalen Bevölkerung: Hirten bei Pakišta in der Nähe der kosovarisch-albanischen Staatsgrenze, August 2012.

In allen drei Teilen des Siedlungsgebietes der Gorani stößt man heute auf ein weiteres massives ökologisches Problem. In der Nähe der Dörfer trifft man heute immer wieder auf illegale Mülldeponien. In den Bächen liegen nicht nur Dosen und Flaschen, sondern vielfach auch Autowracks, Bettgestelle oder ganze Matratzen. In vielen Dörfern wird der Müll zumindest auf freiem Gelände verbrannt, in anderen nur in der Landschaft verstreut. Das nicht funktionierende Abfallsystem, gekoppelt mit der Abkehr von natürlichen Materialen aus der Region, führt hier zu sichtlichen und langfristigen Schäden an der Natur.

Neben Rindern werden Schafe, Pferde, Esel und Ziegen gehalten, wobei den Schafen die mit Abstand größte ökonomische Bedeutung zukommt. Über die Sommermonate hinweg befinden sich die Schafherden auf den Almen über der Baumgrenze. Hirten und Schafen standen dabei traditionell einfache Steinhütten mit einem mit aufgeschichteten Steinen ummauerten dachlosen Verschlag für die Übernachtung zur Verfügung. Da viele dieser traditionellen Steinhütten mittlerweile verfallen sind und nur wenige durch modernere Steinhäuser mit Stallungen ersetzt wurden, sieht man immer öfter auch Zelte oder Blechbehausungen, die die traditionellen Almen ersetzen. Viele der Schafherden befinden sich den ganzen Tag allein in den Bergen und werden lediglich von einem Hirtenhund bewacht.

Die Šar-Hunde, auf Deutsch manchmal auch Illyrische Schäferhunde genannt, sind eine nur hier vorkommende lokale Hunderasse, die bis zu 90 kg schwer wird und im Ruf steht für Ortsfremde äußerst gefährlich werden zu können. Tatsächlich ist es nicht ratsam einer von einem dieser Šar-Hunde bewachten Schafherde zu nahe zu kommen. Die Hunde sind darauf trainiert die Herde zu verteidigen, und zwar auch gegen Wölfe und Bären. Die sehr teuren Tiere – ein junger Hund kann durchaus € 500.- kosten – fressen deutlich mehr als andere Hunderassen und gehören zum Stolz jedes Schäfers. Auch die Jagd stellt bis heute eine wichtige Ergänzung des Speisezettels dar. Neben der Schafzucht stellt die Bienenzucht ein wichtiges traditionelles ökonomisches Standbein in der Region dar. Der erstklassige Honig wird auch weit außerhalb der Region verkauft. Zusätzlich werden Heilkräuter, Heidel- und Preiselbeeren aus den Bergen auf den Märkten der Region angeboten.

Abb. 11: Šar-Hunde gehören zu den wichtigsten und teuersten Haustieren in der Region. Sie bewachen oft tagelang ohne Schäfer die Schafherden und verteidigen sie gegen Bären und Wölfe.

Abb. 12: Brod im Sommer 2006: Pferde werden weiterhin als Transport- und Fortbewegungsmittel eingesetzt.

Abb. 13: Pferdezucht mit Hirtenunterkunft im Hintergrund in der Nähe des Passübergangs zwischen Restelica und Brod.

Abb. 14: Die Rinderzucht ist in den letzten zwei Jahrzehnten massiv zurückgegangen und wird nur noch von wenigen GoranerInnen für den Eigenbedarf betrieben: Rapča, März 2008.

Bis ins 20. Jahrhundert hinein waren die Gorani in ganz Südosteuropa bis in den Nahen Osten hinein als ausgezeichnete Büchsenmacher bzw. Waffenschmiede bekannt. Dieses Gewerbe ist heute völlig aus der Region verschwunden. Die zweite Branche für die sie überregionale Bekanntschaft erhielten, ist allerdings heute noch von Bedeutung, nämlich ihr Talent als Zuckerbäcker. Gorani sind bis heute in ganz Südosteuropa dafür bekannt exzellente Konditoreien zu betreiben. Sowohl im Osmanischen Reich als auch im späteren Jugoslawien trugen diese Konditoreien in den Städten mit dazu bei, die zurückgebliebenen Familienangehörigen in den Dörfern zu ernähren. Die Kontakte zu den Dörfern blieben so erhalten. Gelegentliche Besuche erhielten familiäre Netzwerke über weite Strecken hinweg.

Während der Sommermonate finden die meisten Familienfeiern und Feste statt. Heute konzentrieren sich Hochzeiten oder Beschneidungsfeiern („Sünnet") in der Gora Region auf die wenigen Wochen im Jahr, in denen die MigrantInnen aus Westeuropa und Serbien wieder in den Dörfern sind, also die Zeit vor Ramadan bzw. ab nächstem Jahr wahrscheinlich die Zeit nach Ramadan.[34] In diesen Wochen füllen sich die sonst halb leeren Dörfer wieder mit den Verwandten aus Österreich, Italien, Serbien oder Mazedonien. In dieser Zeit werden Beziehungen geknüpft, Ehen geschlossen und Söhne beschnitten.

Im Gegensatz zu albanischen Hochzeiten finden die Hochzeiten der Gorani überwiegend in der Nacht statt. Zwar finden bereits unter Tags erste Zeremonien mit Musik in den Häusern der Braut und des Bräutigams statt, der eigentliche Höhepunkt der oft mehrere Tage dauernden Hochzeitsfeiern findet jedoch erst in der Nacht statt. Ein großer Teil des Festes – aber auch bereits der Vorfeiern am Nachmittag – wird von Musik und Tanz eingenommen. Die Musik wird von einer kleinen Gruppe von traditionell gekleideten Männern mit Trommeln und der sogenannten Zurla, einem trompetenähnlichen Holzblasinstrument,

34 Der islamische Kalender verschiebt sich im Vergleich zum christlichen Kalender jedes Jahr. Dadurch rückt der Ramadan immer weiter vor. 2012 begann der Ramadan am 20. Juli. Die meisten planten deshalb ihren Sommeraufenthalt in Gora so ein, dass sie die ersten Juli-Wochen dort waren. Dies dürfte sich 2013 oder spätestens 2014 ändern, wenn der Ramadan den Großteil des Julis ausfüllt und damit der August zur bevorzugten Urlaubszeit wird.

dargeboten. Bei den nächtlichen Hochzeitsfeiern wird dazu der ‚Kola' genannte Kreistanz getanzt, bei dem sich die TänzerInnen immer mit dem rechten Fuß startend gegen den Uhrzeigersinn im Kreis bewegen und sich auf diese Weise über Stunden hinweg mehrmals durch das gesamte Dorf bewegen. Solche Tänze können durch die Dauer der Feier durchaus sehr anstrengend werden. So konnte ich zum Beispiel einmal eine Hochzeitsfeier in Brod erleben, bei der der Bräutigam und seine engen Verwandten von acht Uhr abends bis drei Uhr früh zur selben Musik aus Trommeln und Zurla durchtanzten.

Während sich im konservativen Restelica zunehmend eine an der ‚islamischen' Mode konservativer Muslime in der Türkei orientierte Kleidung durchsetzte, tragen die Frauen in den meisten anderen Dörfern bei Hochzeiten auch heute noch fast ausschließlich in ihre traditionellen Festtagstrachten, die sich von Dorf zu Dorf oft stark unterscheiden. Dabei existieren jeweils eigene Trachten für unverheiratete junge Frauen und für Verheiratete. Letztere bestehen oft aus einem dunklen Mantel mit Verzierungen, einem hellen Unterkleid mit einer weiten Hose und einem kunstvollen Kopfschmuck. Bei den unverheirateten Frauen fehlt meist der schwarze Mantel. Stattdessen tragen sie meist helle Kleidung, die oft mit Farben bestickt ist. Auch bei den heute seltener getragenen Trachten für Männer wird strikt zwischen der Kleidung für verheiratete und unverheiratete Männer unterschieden.

Die Trachten der Frauen sind bis heute in manchen Dörfern im Kosovo – im Gegensatz zu den Dörfern in Albanien – auch im Alltag noch häufig zu sehen. Der kunstvolle Kopfschmuck wird dabei allerdings durch ein einfaches Kopftuch ersetzt. Daneben sieht man in den Dörfern der Gorani jedoch auch Frauen und v.a. junge Mädchen, die wie junge Kosovoalbanerinnen auch westliche Mode tragen und vereinzelt in letzter Zeit auch Frauen, die statt der traditionellen Tracht den unter Muslimen auf der Arabischen Halbinsel üblichen Tschador tragen, was mit dem Import wahhabitischer Islamverständnisse zu tun hat.

Abb. 15: Hochzeit in Restelica im August 2006.

Abb. 16: Hochzeitsfeier in Dragaš, August 2013.

Abb. 17 u. 18: Beginn einer Hochzeitsfeier in Radeša am Nachmittag, August 2013.

Abb. 19: Hochzeitsmusiker mit Zurla und traditioneller Tracht, Rapča, Juli 2012.

Abb. 20: Frau in traditioneller Tracht von Rapča (links) und mit modernem Oberteil und traditioneller Hose.

Abb. 21: Beschneidungsfeier in Rapča, Juli 2012.

Ein weiteres wichtiges Fest stellt die Beschneidung von Knaben ('Sünnet') dar, die im Alter von 6 bis 10 Jahren erfolgt. Die Beschneidung stellt eine wichtige rites de passages im Leben eines heranwachsenden Knaben dar und wird von der ganzen Dorfgemeinschaft gefeiert. Bei den Gorani fallen die Beschneidungsfeiern allerdings deutlich bescheidener aus als in der Türkei. Die Beschneidung selbst wird zu Hause vorgenommen. Danach besucht die männliche Verwandtschaft und Dorfgemeinschaft den in einem Bett liegenden Jungen, der meist bereits mit den Spielsachen beschäftigt ist, die ihm bei dieser Gelegenheit geschenkt werden. Die Besucher geben ein kleines Geldgeschenk in ein dafür bereitgestelltes Gefäß und erhalten als Erinnerung an die Beschneidung ein kleines weißes Handtuch, das meist mit verschiedenen Mustern bestickt ist und das während des Tages als Zeichen mit sich getragen wird. Danach versammeln sich die Männer zu einem gemeinsamen Essen, bei dem unterschiedliche Fleischeintöpfe und süßes Halva gereicht wird.

Neben islamischen Festtagen haben sich bei den Gorani aber auch vorislamische Bräuche gehalten. So feiern sie etwa – ebenso wie die AlbanerInnen der nördlich an Gora anschließenden Region Opoja im Frühling den St. Georgstag, der mit großer Wahrscheinlichkeit auf ein heidnisches Frühlingsfest zurückgeht.

## Ehe, Sexualität und Geschlechterverhältnisse

Die Begründung einer neuen Familie stellt ein zentrales Ereignis im Leben männlicher und weiblicher Gorani dar. Die Hochzeit ermöglicht nicht nur gesellschaftlich legitimierte Sexualität, sondern stellt auch für die Brautleute ein zentraler Übergangsritus dar, der sie erst zu vollwertigen erwachsenen Mitgliedern der Gesellschaft macht. Zu heiraten ist deshalb nicht, wie in westeuropäischen urbanen Gesellschaften, eine individuelle Entscheidung einer Personen, sondern ein selbstverständlicher Teil des Lebens, der nicht hinterfragt wird. Obwohl die Gorani seit mehreren Hundert Jahren muslimisch sind, hat sich bei ihnen die Polygamie nie durchgesetzt, was neben der möglicherweise bogumilischen Vergangenheit auch damit zu tun haben könnte, dass sich in dieser Bergbauerngesellschaft nur sehr selten Männer fanden, die es sich theoretisch hätten leisten können eine zweite Ehefrau zu heiraten. Eine monogame heterosexuelle Ehe stellt damit die Regel dar. Faktum ist jedenfalls, dass sich auch Angehörige der älteren Generation an keinen einzigen Fall einer polygamen Ehe erinnern könnten. Die Soziologin Juliana Ajdini, die zwar in Kukës aufgewachsen ist, deren Vater aber aus dem goranischen Dorf Borje stammt und die sich u.a. mit den Heiratsbräuchen und Geschlechterverhältnissen bei den Gorani beschäftigt hat, hebt nicht nur den monogamen Charakter einer goranischen Ehe hervor, sondern auch deren Unauflöslichkeit. Bei den Gorani gäbe es im Gegensatz zu den anderen Regionen Albaniens keine Scheidungen.[35]

Die Hochzeit selbst stellt allerdings nur der Höhepunkt und Abschluss einer langen Eheanbahnung dar, die oft über mehrere Jahre hinweg geht. Junge Gorani im Kosovo lernen sich auch heute noch vielfach beim sogenannten Korzo kennen, einem allabendlichen organisierten Treffen der Dorfjugend. In den meisten Dörfern spazieren dabei die Mädchen auf einer zentralen Straße auf und ab, während die Burschen am Rand der Straße stehen und von dort aus Mädchen ansprechen, die ihnen gefallen. Lediglich in Restelica stehen sich Mädchen und Burschen auf zwei verschiedenen Straßenseiten gegenüber, was möglicherweise damit zu tun hat, dass Restelica ganz generell im Ruf steht,

35 Interview mit Juliana Ajdini, Tirana, 27. April 2013.

ein besonders konservativer Ort zu sein und so ein deutlich größerer körperlicher Abstand gewahrt werden kann. In den goranischen Dörfern auf der albanischen Seite der Grenze ist ein organisierter Korzo in dieser Form nicht bekannt. Allerdings gibt es auch hier Orte an denen sich unverheiratete zukünftige Eheleute gesellschaftlich legitimiert kennenlernen können. In Borje spielt etwa ein spezifischer Stein diese Rolle als Treffpunkt der Dorfjugend.[36]

Ganze besonders für die goranischen Dörfer im Kosovo gilt, dass in den kurzen Sommerwochen in denen jeweils die gesamte Diaspora eines Dorfes wieder in das Dorf zurückkehrt, auf diesem Wege neue Beziehungen angebahnt werden. Heute lernen sich junge Leute allerdings auch übers Internet, insbesondere über Facebook kennen und verabreden sich dann für den nächsten Sommer in ihrem Dorf.

Mädchen werden in den Dörfern bis heute sehr früh zur Heirat gedrängt. Obwohl das gesetzliche Mindestalter für Eheschließungen im Kosovo bei 18 Jahren liegt und bei einer früheren Eheschließung eine gesonderte Bewilligung eines Gerichtes nötig ist, werden in den Dörfern oft auch Mädchen nach dem Gewohnheitsrecht verheiratet, die jünger sind als das auch bei einem Gerichtsbeschluss vorhandene absolute Mindestalter von sechzehn Jahren. Die goranische Parlamentsabgeordnete Duda Balje berichtet davon, dass es üblich wäre, eine solche Ehe zwischen den Familien zu arrangieren und erst später, wenn das gesetzliche Mindestalter erreicht ist, legalisieren zu lassen. Die im serbischen Novi Sad aufgewachsene Abgeordnete, die selbst bereits schwanger war, als sie ihre Ehe staatlich legalisieren ließ, berichtet davon, dass es in Gora durchaus üblich ist, Mädchen mit fünfzehn oder sechzehn Jahren zu drängen einen Ehemann zu suchen:

*„Wenn eine Frau bei uns mit fünfundzwanzig nicht verheiratet ist, findet sie wahrscheinlich kaum mehr einen Mann. Diese Traditionen werden zwar etwas schwächer, aber sie sind immer noch sehr stark und diese frühen Eheschließungen, bei denen die Frauen mit siebzehn schon schwanger werden, sind wirklich ein Problem."*[37]

---

36 Ebenda.

37 Interview mit Duda Balje, Prishtina, 22. August 2012.

Auch wenn arrangierte Ehen seltener werden und ohne die zumindest formale Zustimmung der Frau nie möglich waren, so sind bis heute allerdings die gesellschaftlich erwünschten PartnerInnen der Gorani zumindest im Kosovo sehr strikt limitiert. In Albanien und Mazedonien haben sich diese strikten Heiratstraditionen mittlerweile teilweise aufgelöst bzw. gelockert. Unter den kosovarischen Gorani gelten in manchen Dörfern nur zwei junge Leute aus dem gleichen Dorf als erwünschte HeiratskandidatInnen. Es genügt also weder Muslim, noch Gorani zu sein. Selbst eine PartnerIn aus einem anderen Dorf gilt etwa in Restelica als unvorstellbar. In anderen Dörfern hat sich dies jedoch gelockert. In einigen Fällen gab es auch Dörfer, bei denen wechselseitige Eheschließungen immer vorkamen. In Rapča war es zum Beispiel üblich sich auch mit BewohnerInnen des Nachbarortes Krstac zu verheiraten. Heute werden allerdings auch Ehen mit anderen Gorani geschlossen.

In konservativeren Dörfern wie Restelica schränkt sich die Zahl möglicher PartnerInnen jedoch noch weiter ein, da ein relativ großer Kreis an Verwandten als mögliche HeiratskandidatInnen tabu ist. Nicht nur Geschwister und Cousins ersten Grades (*Prve*) sind als EhepartnerInnen ausgeschlossen, sondern auch Cousins zweiten Grades (*Druge*) und dritten Grades (*Treće*). Das heißt, wer gemeinsame Ururgroßeltern hat, darf nicht miteinander heiraten. Sind die gemeinsamen Vorfahren bereits verstorben, ist in Ausnahmefällen eine Eheschließung zwischen einem Cousin dritten Graden und einer Cousine vierten Grades, also eine Eheschließung mit einem Generationensprung möglich. Wirklich legitim wird eine Ehe aber erst bei Cousinen vierten Grades betrachtet. Um dieses komplexe System aufrecht zu erhalten ist ein umfassendes und detailliertes Wissen über die verwandtschaftlichen Beziehungen über mehrere Generationen hinweg notwendig.

In einigen der kleineren Dörfer der albanischen Gorani, die vielfach kleiner sind als jene über der Grenze im Kosovo, sind die DorfbewohnerInnen oft so eng verwandt, dass sich dort ein gegenteiliges Heiratsverhalten herausgebildet hat und dort statt der dörflichen Endogamie, eine Exogamie angestrebt wird, also generell PartnerInnen aus einem anderen Dorf gesucht werden. Aber auch dies gilt nur für einige der kleinen Dörfer. In der größten Ortschaft Borje ist es bis heute noch immer erwünscht innerhalb des Dorfes zu heiraten.[38]

Haben sich einmal zwei legitime mögliche HeiratspartnerInnen gefunden und sich geeinigt, dass sie eine Verlobung eingehen wollen, wird ein männlicher Repräsentant der Familie des Bräutigams – meist der Onkel des Bräutigams – zur Familie der Braut geschickt. Die Verlobung ist bereits eine Angelegenheit der beiden Familien und nicht der beiden zukünftigen Eheleute. Sie ermöglicht es den Verlobten sich nun mit dem Segen ihrer Familien näher kennenzulernen. Da sich die Verlobten durch die Diasporasituation der MigrantInnen und Flüchtlinge heute oft bis zur Verlobung noch gar nicht kennengelernt haben und oft nur während der Sommerwochen die Chance haben sich zu sehen, dauern solche Verlobungsperioden heute im Durchschnitt zwei Jahre und länger. Erst dann wird geheiratet.

Eine Verlobung bedeutet allerdings nicht, dass damit bereits sexuelle Kontakte legitimiert würden. Im Gegenteil: Goranische Familien legen sehr hohen Wert darauf, dass Ihre Töchter als Jungfrauen in die Ehe gehen. Hier hat sich in meiner Feldforschung der Eindruck verdichtet, dass Jungfräulichkeit in der goranischen Gesellschaft immer noch wichtiger ist, als in der gegenwärtigen albanischen Gesellschaft. Allerdings wendet die Soziologin Juliana Ajdini dagegen ein, dass auch in der albanischen Gesellschaft der vergleichsweise lockerere Umgang mit vorehelicher Sexualität lediglich auf die großen Städte beschränkt wäre und die Situation im ländlichen Albanien genauso wäre, wie in den goranischen Dörfern. In beiden Gesellschaften werde teilweise bis heute noch nach der Hochzeitsnacht das blutbefleckte Leintuch als Beweis für die Jungfräulichkeit der Braut vorgeführt.[39]

Wie in allen patriarchalen Gesellschaften betrifft dieser Anspruch der vorehelichen sexuellen Enthaltsamkeit allerdings primär die Mädchen. Dass Burschen sich vorher durchaus bei anderen – nichtgoranischen – Frauen austoben dürfen, wird im Gegensatz zu sexuellen Erfahrungen unverheirateter Frauen stillschweigend geduldet.

---

38 Interview mit Juliana Ajdini, Tirana, 27. April 2013.

39 Ebenda.

Die Angst davor die Kontrolle über die Sexualität ihrer Töchter zu verlieren, dürfte im Kosovo auch ein Hauptmotiv vieler Väter sein, ihren Töchtern keine höhere Bildung zukommen zu lassen. Zwar wird Bildung an sich – auch für Mädchen – durchaus geschätzt, da die Bildungseinrichtungen in der Region selbst allerdings beschränkt sind, erreichen von jenen Familien die ganzjährig in Gora leben nur sehr wenige Mädchen ein Universitätsstudium. Die Abgeordnete Duda Balje, die selbst derzeit einen PhD an einer serbischen Universität absolviert, meint dazu:

*„Viele Familien haben Angst, dass sie die Kontrolle über ihre Töchter verlieren, wenn diese einmal in Belgrad oder in sonst einer Universitätsstadt sind. Wer studiert geht auch auf Partys, lernt Leute kennen und kommt dann eben vielleicht mit Männern in Kontakt oder heiratet später keinen Goraner. Das ist sicher einer der Gründe, weshalb goranische Mädchen aus Gora selbst nicht studieren gehen. Nur bei jenen Familien, die ohnehin schon in Serbien leben, sieht es teilweise anders aus."*[40]

Obwohl die Angst vor dem Verlust der Kontrolle über die Töchter weit verbreitet ist, gibt es in der Region durchaus auch fortschrittliche Väter, die sich des Mangels an Chancengleichheit für ihre Töchter schmerzhaft bewusst sind und für die dieser Mangel ein Motiv für ihren Migrationswunsch darstellt. Gerade der Mangel an Bildungsmöglichkeiten für junge Frauen wird hier immer wieder als Motiv für die Migrationsentscheidung angegeben.

Interessant ist in diesem Zusammenhang, dass sich auch junge Männer, die in Deutschland oder Österreich leben, durchaus kritisch mit dieser Rollenverteilung und den Einschränkungen von Mädchen beschäftigen. In vielen Interviews äußerten sich diese jungen Männer allerdings einerseits kritisch über die eigene Gesellschaft und die Einschränkung der jungen Mädchen, erklärten aber als einer der Hauptgründe, warum sie dann doch eine junge Frau aus dem Dorf nehmen wollen, dass nur dadurch garantiert wäre, eine Jungfrau zu bekommen.

Diese rigide Einstellung zu Sexualität außerhalb der Ehe spiegelt sich auch in einer Tabuisierung von Homosexualität wider. Selbstverständ-

---

40 Interview mit Duda Balje, Prishtina, 22. August 2012.

lich gibt es auch bei den Gorani, wie in allen Gesellschaften dieser Welt, Menschen mit homosexueller Orientierung, allerdings ist es in dieser dörflichen Gesellschaft mit einem hohen Maß an gesellschaftlicher Kontrolle völlig unmöglich Homosexualität zu leben.[41] Zwar ist es unter unverheirateten jungen Burschen durchaus üblich sehr körperlich bis zärtlich miteinander umzugehen, dieselben Burschen können dann allerdings extrem homophobe Sprüche klopfen und würden es als schwerste Beleidigung empfinden, wenn auch nur der Verdacht geäußert würde, sie wären homosexuell.

Gesellschaftlich legitimierte Sexualität ist auf eine Ehe zwischen Mann und Frau beschränkt. Wie bereits angedeutet ist eine solche Ehe aber weit mehr als eine Ehe zwischen den Eheleuten selbst, sondern eine Verbindung zwischen deren Familien.

Eine Verlobung zielt selbstverständlich darauf ab, eine solche Ehe zu begründen. Allerdings stellt sich während dieser Phase immer wieder heraus, dass sich Braut und Bräutigam doch nicht füreinander bestimmt halten und die Verlobung wieder lösen. Solche Personen verlieren durch die Lösung der Verlobung massiv an Ansehen und an eigenem ‚Marktwert' auf dem Heiratsmarkt. Insofern versuchen die meisten Paare selbstverständlich bei einer Verlobung dann auch tatsächlich zu heiraten.

Diese relativ strikte Geschlechterordnung wird zwar von manchen jüngeren Gorani die bereits in der Diaspora aufgewachsen sind infrage gestellt, allerdings gibt es keine organisierte feministische Bewegung, die sich für eine Gleichstellung der Geschlechter einsetzen würde.

---

41 Es gibt einen Fall eines Mannes aus Restelica, der allerdings auch zunächst eine Frau heiratete und mit ihr in der Schweiz lebte. Erst nachdem er von der Frau in flagranti mit einen Mann erwischt worden wäre und sich die Frau von ihm getrennt hatte, soll er angeblich offen als Schwuler in der Schweiz zu leben begonnen haben. Im Dorf wird über dieses Thema allerdings nur hinter vorgehaltener Hand gesprochen. Der Betroffene scheint nicht mehr in das Dorf zurückgekehrt zu sein. Eine Form von homosexueller ‚Szene' scheint nicht einmal im Untergrund zu existieren.

## Religion

Auch wenn es bisher als wissenschaftlich ungeklärt angenommen werden muss, welche Religion die Gorani vor ihrer Islamisierung hatten so steht außer Zweifel, dass sie seit mehreren Jahrhunderten ausschließlich dem sunnitischen Islam angehören. Im Gegensatz zu den benachbarten AlbanerInnen spielte der heterodoxe Sufi-Orden der Bektaschi (alb. Bektashi, türk.: Bektaşi), der viele schiitische Elemente übernommen hat, bei den Gorani eine weniger wichtige Rolle. Trotzdem finden sich in mehreren Dörfern Türben, also Grabdenkmäler von Heiligen oder Sufi-Scheikhs, die auf einen gewissen Einfluß von Sufi-Orden hindeuten. Wie die überwiegende Mehrheit der Balkan-Muslime gehören die Gorani der hanafitischen Rechtsschule an.

In der Praxis verband sich dieser an der hanafitischen Rechtsschule orientierte sunnitische Islam allerdings mit verschiedenen Formen des Sufismus, sowie mit ausserislamischen Einflüssen zu einem relativ wenig orthopraktisch gelebten Volksislam. Die ältesten heute noch bestehenden Türben befinden sich in Dragaš mit der Türbe von Hüsseyin Baba und in Restelica mit der Türbe von Selim Dede. Letztere liegt auf einem markanten Hügel unter einer alten Platane über dem Zentrum des Ortes und ist architektonisch besonders interessant, da sie noch völlig in ihrer historischen Form mit unverputzten Steinmauern und einem Steindach erhalten ist. Im Inneren befindet sich das gemauerte Grab von Selim Dede, der hier im 16. Jahrhundert gewirkt haben soll. Auch in Šištevec, Brod und Orčuša sind alte Türben und in Mlike Überreste einer zerfallenen Türbe zu finden. In Rapča liegt auf halbem Weg zwischen dem obern und unteren Rapča eine Türbe, die wahrscheinlich aus dem frühen 19. Jahrhundert stammt und die möglicherweise an einem älteren, wahrscheinlich vorislamischen, Kultplatz errichtet wurde. Die Türbe liegt jedenfalls direkt bei einer Quelle, die in der Volksreligiösität als heilig betrachtet wurde. Ältere BewohnerInnen von Rapča können sich noch daran erinnern, dass bis vor einigen Jahren einzelne Fäden aus der Kleidung gerissen und als Opfergaben in die Quelle geworfen wurden. Bis vor 20 Jahren hätten die Frauen des Dorfes am 5. Mai jeden Jahres an dieser Quelle ein Ritual durchgeführt, bei dem Salz mit Wasser aus der Quelle vermischt und schließlich Ge d an die Tübe gespendet worden wäre. Der genaue Sinn des Rituals mit dem

Salz und die Bedeutung der Quelle ist allerdings durch den Abbruch der Tradition Anfang der 1990er-Jahre und die Tatsache, dass die meisten der damals an diesen Riten beteiligten alten Leute mittlerweile verstorben sind, nicht mehr überliefert. Möglicherweise war dieser allerdings auch schon zuvor nicht mehr wirklich bekannt. Ganz allgemein kann nur festgehalten werden, dass sich bei den Gorani unterschiedliche Einflüße zu verschiedenen lokalen Formen des Volksislam verschmolzen haben.

Auch wenn solche heterodoxen religiösen Praxen heute weitgehend verschwunden sind, so bleibt ist der Islam der Gorani bis heute ein toleranter und individuell unterschiedlich gelebter Islam. Wie bei den benachbarten AlbanerInnen ist es in den meisten Dörfern der Gorani durchaus üblich Alkohol zu trinken. Auch während des Fastenmonats Ramadan (slawisch und türk.: Ramazan) sind in den meisten goranischen Dörfer Kaffeehäuser und Restaurants während des Tages geöffnet. Nur wenige der oft mit harter körperlicher Arbeit beschäftigten DorfbewohnerInnen halten sich an die vorgeschriebenen Fastenzeiten. Allerdings gibt es unterschiedlichste individuelle Umgangsformen mit dem Fastenmonat. Zum Beispiel verzichten manche während des Fastenmonats auf Alkohol. Strikter eingehalten werden die Speisevorschriften. Schwein fehlt in der goranischen Küche völlig. Haustiere werden im Allgemeinen halal geschlachtet.

Von diesem relativ pragmatischen Volksislam unterscheidet sich der wesentlich orthopraktischere Islam, der in Restelica praktiziert wird. Die relativ große Ortschaft, die mit ihrer Diaspora über etwa 8.000 EinwohnerInnen verfügt und damit nach der Stadt Dragaš die größte goranische Siedlung darstellt, gilt auch den Gorani aus anderen Dörfern als traditionell sehr konservativ und religiös. In Restelica sind Lokale während des Fastenmonats geschlossen. In der gesamten Ortschaft ist kein Alkohol erhältlich. Dabei war dies keineswegs immer so. Die BewohnerInnen können sich durchaus daran erinnern, dass es hier in den 1980er-Jahren Lokale gegeben habe, in denen Alkohol ausgeschenkt wurde. Der seit 1989 in Österreich lebende Feriz Boza würde es heute jedoch für unmöglich halten hier Alkohol zu trinken: *„Die Leute würden* *dich hier alle sehr blöd anschauen, wenn Du hier Alkohol trinken würdest. So etwas ist hier seit einigen Jahren schon völlig undenkbar."*[42]

Neben der gesellschaftlichen Ächtung von Alkohol wird auch die Trennung von männlichen und weiblichen Jugendlichen wesentlich strikter aufrecht erhalten als in anderen goranischen Dörfern. Dieser religiöse und gesellschaftliche Konservativismus wird seit einigen Jahren von einem in Saudi-Arabien ausgebildeten Imam unterstützt, wobei dieser mittlerweile von den sich sektenhaft abschließenden neo-salafitischen Gruppen im Dorf Konkurrenz erhält. Zwischen Neo-Salafiten und den dominierenden konservativen Muslimen besteht auch in Restelica eine scharfe Rivalität, die zu kontroversiellen Debatten innerhalb des Dorfes geführt hat. Die Verbreitung wahhabitischer und neo-salafitischer Ideen ist in Restelica mittlerweile auch im Ortsbild unübersehbar. Eine Minderheit, die jedoch schwer zu übersehen ist, trägt mittlerweile aus der Arabischen Halbinsel importierte ‚islamische' Kleidung. Männer lassen sich lange Bärte wachsen und Frauen beginnen den Hijab zu tragen.

Während solche wahhabitisch-salafitischen Einflüsse in den goranischen Dörfern in Albanien und Mazedonien völlig fehlen, so haben sich in den letzten Jahren neben Restelica auch einige aus Rapča stammende Gorani wahhabitisch-salafitischen Gruppen zugewendet. In diesem Falle wurden diese Ideen allerdings aus Wien importiert. Da ein großer Teil der Bevölkerung Rapčas nach Österreich ausgewandert ist, ergaben sich in Wien Kontakte mit wahhabitisch-salafitischen Gruppen, die sich in den letzten Jahren unter einer Minderheit von südslawischen Muslimen aus Bosnien und dem Sandžak (Novi Pazar) ausbreiten konnten. Da es in Wien keine eigene Moschee der Gorani gibt, begannen einige religiöse Muslime aus Rapča die Gebetsräume südslawischer salafitischer Gruppen in Wien[43] zu besuchen.

---

42 Interview mit Feriz Boza, Restelica, 17. Juli 2012.

43 Vgl. Larise / Schmidinger, 2008: S. 203ff

Abb. 22 u. 23: Türbe in Rapča, August 2012.

Abb. 24: Türbe in Restelica, August 2012.

Abb. 25: Türbe in Dragaš, August 2012.

Neben Rapča wurden auch nach Kruševo wahhabitisch-salafitische Ideen aus Wien mitgebracht. Im Dorf ist allgemein bekannt, dass einige Gorani, die nach Wien emmigriert sind, "eines Tages mit langen Bärten und seltsamen Ideen" in das Dorf zurückkamen, wie es ein älterer Dorfbewohner formulierte. Innerhalb der Gemeinde scheinen sich diese Wahhabiten weitgehend zu isolieren und werden von den anderen DorfbewohnerInnen als Sekte betrachtet. Der aus Rapča stammende Imam von Kruševo vertritt einen traditionellen und toleranten Islam und spricht davon, dass der Islam immer schon Reformen gekannt habe und nicht so gelebt werden könne, wie man sich das vor 300 Jahren zu Zeiten Abd al-Wahhabs auf der Arabischen Halbinsel vorgestellt habe. Auch er berichtet davon, dass diese Ideen aus Österreich mitgebracht worden wären und hofft, dass es innerhalb seiner Gemeinde nicht zu einer verstärkten Spaltung der Gläubigen kommt.

Diese Verbindungen österreichischer Neo-Salafiten nach Gora betreffen aber auch Einzelpersonen in anderen Dörfern. Im Sommer, wenn die MigrantInnen für wenige Wochen in ihre Dörfer zurückkehren, sind auch ausserhalb von Rapča und Kruševo vereinzelt Wahhabiten aus Österreich zu finden. Der 1993 nach Wien gekommene Muhammed Fadil Porča, der in der Murlingengasse in Wien-Meidling als Imam der Tewhid-Moschee vorsteht und seine Ideen u.a. über seine Websites im Internet sehr aktiv verbreitet, besuchte mehrmals Gora und dürfte eine der wichtigsten Leitfiguren der goranischen SalafitInnen darstellen.

Der Sprachwissenschaftler Sadik Idrizi Aljabak, der als Gründer der Partei *Koalicija Vakat*, langjähriges Mitglied des kosovarischen Parlamentes und ehemaliger Staatssekretär auch eine wichtige politische Rolle spielt, sieht neben dem salafitischen Import aus Österreich noch eine zweite Quelle dieser Ideen und beschuldigt Serbien hinter einer zweiten Gruppe von Salafiten zu stehen. Als Indizien für diese These gibt er nicht nur an, dass sich besonders viele ehemals auf der Seite Serbiens stehende Familien in den letzten Jahren dem Salafismus zugewandt hätten, sondern auch, dass mit Ahmed Jamini einer der wichtigsten salafitischen Führer in der Region zugleich als Chef des Postamts der serbischen Parallelpost in Dragaš fungiere, er also von Serbien einen Gehalt beziehe. Idrizi Aljabak sieht in dieser zweiten salafitischen Gruppe primär ein serbisches Instrument zur Destabilisierung des Kosovo.[44] Von den betroffenen Salafiten wird dieser Vorwurf selbstverständlich bestritten. Für außenstehende Beobachter ist es allerdings offensichtlich, dass diese Gruppen – unabhängig davon von wem sie Unterstützung erfahren – zu heftigen Konflikten innerhalb der Gesellschaft führen.

Sadik Idrizi Aljabaks Parteikollegin Duda Balje weist schließlich darauf hin, dass diese salafitischen Gruppen zwar klein wären, allerdings insbesondere für die Frauen katastrophale Folgen hätten:*„Plötzlich laufen in den Dörfern einige Frauen mit schwarzem Gesichtsschleier herum. Sie dürfen niemandem mehr die Hand geben oder sprechen plötzlich mit keinem mehr. So etwas kannten wir früher nie. Das ist eine völlig neue Entwicklung, die für die Frauen besonders gefährlich ist."*[45]

Entgegen der in Österreich weit verbreiteten Meinung MigrantInnen würden extremistische Ideologien innerhalb des Islams nach Österreich importieren, wurden hier also wahhabitisch-salafitische Ideen aus Österreich in den Kosovo importiert. Dieses Phänomen ist im Kosovo allerdings keineswegs auf die Gorani beschränkt. Auch gegen den traditionellen Islam der AlbanerInnen, Roma und Torbesch wurde in den letzten Jahren von wahhabitischen und salafitischen Gruppen aus Westeuropa Missionsbedarf entdeckt. So wurden zum Beispiel in Prizren salafitische Aktivisten aus Großbritannien aktiv.[46] Wie weit deren Bemühungen bei der traditionell religiös toleranten bis indifferenten Bevölkerung auf Anerkennung stoßen werden, wird sich allerdings erst zeigen müssen. In den goranischen Dörfern in Albanien sind diese Tendenzen zu neo-salafitischen Strömungen völlig unbekannt. In Gesprächen mit Gorani aus Albanien ist diesen sogar meist der Begriff des Salafismus oder Wahhabismus völlig unbekannt. Das gleiche gilt für Mazedonien, wo es zwar im nahe gelegenen Tetovo unter den AlbanerInnen einige neo-salafitische Gruppen gibt, allerdings nicht in den goranischen Dörfern.

---

44 Interview mit Sadik Idrizi Aljabak, Kruševo, 17. August 2012.

45 Interview mit Duda Balje, Prishtina, 22. August 2012.

46 Am 8. August 2012 konnte ich die Ankunft eines ganzen Kleinbusses mit salafitischen Missionaren aus Großbritannien in Prizren beobachten, die alle kein Wort Albanisch sprachen und nur über einen in Großbritannien lebenden Albaner mit der Bevölkerung kommunizieren konnten.

Abb. 26: Moschee von Orčuša in Blickrichtung Albanien, August 2012.

Abb. 27: Moschee von Kruševo, August 2012.

Abb. 28 u. 29: Die Moschee in Backa ist eine der letzten alten Moscheen in Gora, die noch nicht durch neue Moscheebauten im modernen türkischen Stil ersetzt wurden. August 2012.

## Gora im 20. Jahrhundert: Vom Osmanischen Reich zur nationalstaatlichen Peripherie

Auch wenn dieses Buch den Fokus nicht auf eine Darstellung der Geschichte der Region legt,[47] so stellt ein Überblick über die jüngere Geschichte von Gora doch eine Grundvoraussetzung für das Verständnis der gegenwärtigen Situation dar.

Wie bereits in der Einleitung erwähnt, stellte Gora im Osmanischen Reich zwar eine periphere ländliche Region dar, allerdings konnten sich Goraner innerhalb des Osmanischen Reiches durch temporäre Arbeitsmigration als Büchsenmacher und Zuckerbäcker nicht nur sich selbst, sondern auch ihre in den Bergdörfern zurück gebliebenen Familien versorgen. Zugleich führten einige Handelswege von der dalmatinischen Küste über die Region nach Saloniki und nach Istanbul, die Metropole des Osmanischen Reiches.

Das goranische Siedlungsgebiet dürfte im Osmanischen Reich noch größer gewesen sein. Insbesondere im heutigen Albanien deuten slawische Toponyme darauf hin, dass eine Reihe von Dörfern in der Umgebung des heutigen Gora bis ins 17. oder 18. Jahrhundert hinein auch slawischsprachig waren und teilweise in der albanisch-slawischen Symbiose[48] aufgingen. Goranische Intellektuelle wie Nazif Dokle zählen etwa auch den aus dem sechs Kilometer westlich von Šištevec gelegenen Topojan stammenden osmanischen Feldherrn und Großwesir Sinan Pasha Topojani (1506-1596) zu den Gorani,[49] während ihn albanische Nationalisten für sich beanspruchen.

Verwaltungstechnisch gehörte die Region im Osmanischen Reich zum Sandjak Prizren bis es 1877 Teil des Vilâyet-i Kosova wurde. Um die

---

47 Eine umfassende wissenschaftliche historische Darstellung der Region liegt bislang leider weder auf Deutsch oder Englisch noch auf Albanisch, Serbisch oder Mazedonisch vor. Als Politikwissenschaftler und Sozial- und Kulturanthropologe sehe ich mich auch nicht in der Lage eine solche zu leisten. Allerdings wäre eine historische Grundlagenarbeit, die sich nicht an einer nationalistischen Geschichtserzählung, sondern an den Fakten einer Regionalgeschichte orientiert, ein für HistorikerInnen sehr lohnendes Projekt, das mangels schriftlicher Quellen aber auch auf die Archäologie zurückgreifen müsste.

48 Vgl. Kaser 1992: 135.

49 Vgl. Dokle 2006.

Wende zum 20. Jahrhundert bildete Brod, das heute ein kleines Dorf am äußersten Ende eines Bergtales vor der mazedonischen Grenze darstellt, das eigentliche kulturelle und wirtschaftliche Zentrum der Region. Bereits der Name Brod (slawisch für Furt) suggeriert, dass hier alte Handelswege am Ende einer steilen Schlucht über einen kleinen Fluss führten. Bis heute sieht man Brod zumindest in Resten noch seinen osmanischen Ortskern an.

Als Muslime leisteten die Gorani überwiegend Widerstand gegen die serbische Eroberung der Region im ersten Balkankrieg 1912. Im Rahmen des Luma Banners (bayrak) kämpften Gorani Ende Oktober 1912 gegen die serbischen Truppen.[50] Im Londoner Vertrag von 1913, der den ersten Balkankrieg beendete und die Unabhängigkeit Albaniens anerkannte, kam es zu einem langen Ringen zwischen Österreich-Ungarn und Italien auf der einen und Russland auf der anderen Seite. Während Österreich-Ungarn die Landansprüche des am 28. November 1912 in Vlorë ausgerufenen Albaniens unterstützten, versuchte das panslawistisch ausgerichtete Russland die serbischen Ansprüche zu unterstützen, die auch den Norden Albaniens und einen Zugang zur Adria umfassten.[51]

Diese unterschiedlichen Ansprüche Albaniens und Serbiens endeten schließlich mit einem von den Großmächten ausverhandelten Kompromiss, der für Gora die Teilung dieses historischen Gebietes zwischen Serbien und Albanien bedeutete. Erstmals wurde damit das Siedlungsgebiet der Gorani durch eine Grenze durchschnitten, der genaue Grenzverlauf wurde jedoch noch nicht festgelegt.

Erst nach dem zweiten Balkankrieg wurde Ende Sommer 1913 die Ankunft einer internationalen Kommission erwartet, die die Grenze zwischen Albanien und Serbien endgültig festlegen sollte, was zusammen mit der extrem repressiven serbischen Politik gegenüber den Muslimen im September 1913 zu einem albanischen Aufstand im Kosovo führte.[52]

Auch die slawischsprachigen Muslime in Gora beteiligten sich aktiv an diesem Aufstand. Nail Hyseni-Dani aus Rapča kommandierte eine

---

50 Kosova 2007: 26.

51 Hall 2000: 74.

52 Malcolm 2002: 257f.

wichtige Rebelleneinheit, die sich mit den albanischen Aufständischen koordinierte.[53] Offenbar nahmen auch die serbischen Truppen die muslimischen Gorani als Feinde wahr. Auf dem alten Friedhof von Zlipotok werden heute noch alte Grabsteine gezeigt, die von serbischen Soldaten nach der Eroberung des Gebietes durchschossen worden sein sollen. Nach der Niederschlagung des Aufstandes wurde der Mufti von Gora aus Globocica, Mulla Kahriman Efendi, der als oberster Geistlicher der Region fungierte, von den serbischen Truppen hingerichtet. Von der Familie von Mulla Arifi aus Kruševo wurden neun Familienmitglieder exekutiert. In Restelica wurden zwölf Personen hingerichtet und in einigen Dörfern, wie im damaligen wirtschaftlichen Zentrum der Region, in Brod, wurden Massaker an der Zivilbevölkerung angerichtet.[54]

Diese extreme Repression, die nicht nur die Kämpfer, sondern auch die ZivilistInnen traf, führte offenbar zu einer massiven Auswanderungswelle aus Gora in den verbliebenen Rest des Osmanischen Reiches. Aus Brod wanderten viele Familien nach 1913 nach Istanbul aus. Obwohl deren Nachkommen heute Türkisch sprechen, gibt es in Bord noch einige Familien, die einen losen Kontakt zu Verwandten in Istanbul halten. Aus Kruševo wanderte eine größere Gruppe nach Yalıköy aus, einem kleinen Dorf 10 Kilometer westlich von Giresun, direkt am Schwarzen Meer. Laut dem aus Kruševo stammende Sprachwissenschaftler Sadik Idrizi Aljabak, spielt die Erinnerung an diese Migration zwar noch eine Rolle im historischen Gedächtnis der Bevölkerung. Ein direkter Kontakt zu den Nachkommen der damaligen Auswanderer wäre jedoch nicht mehr gegeben.[55]

Der Kampf um den Grenzverlauf zwischen Albanien und Serbien durch Gora war damit allerdings nicht beendet. Auch nach dem Ersten Weltkrieg gingen die Konflikte um den Grenzverlauf weiter. Erst 1921 wurde der Grenzverlauf so festgelegt, dass die heute zu Albanien gehörenden Dörfer Goras endgültig Albanien zugesprochen wurden.[56]

---

53 Kosova 2007: 27.

54 Kosova 2007: 27.

55 Interview mit Sadik Idrizi Aljabak, Kruševo, 17. August 2012.

56 Qafleshi 2012: 175.

Diese Grenze sollte allerdings nur bis 1941 Bestand haben. Mit dem Angriff Deutschlands auf das Königreich Jugoslawien am 6. April 1941 und der raschen Niederlage Jugoslawiens wurde der Großteil des Kosovo – darunter auch Gora – an das unter italienisch-faschistischer Herrschaft stehende Albanien angegliedert, das nach dem Sturz Mussolinis im Sommer 1943 von den Deutschen besetzt wurde. Erst die Niederlage Deutschlands und der Sieg der Partisanen unter Tito und der mit diesen verbündeten albanischen Partisanen unter Enver Hoxha stellten wieder die Vorkriegsgrenzen in der Region her.

Die Wiedererrichtung Jugoslawiens bot den jugoslawischen Gorani die Möglichkeit an frühere Erfahrungen der temporären Arbeitsmigration anzuknüpfen und wieder in den großen Städten Konditoreien zu eröffnen oder im Tourismus an der dalmatinischen Küste zu arbeiten. Mit Beginn der Anwerbung von so genannten ‚Gastarbeitern', ab 1966 durch Österreich und ab 1968 durch Deutschland, erweiterte sich diese Möglichkeit der (temporären) Arbeitsmigration nach Westeuropa. Den Gorani auf der albanischen Seite der Grenze blieben solche Möglichkeiten allerdings verwehrt. Albanien gehörte unter Enver Hoxha zu den isoliertesten Staaten der Welt. Hier bot lediglich die innera banische Migration in die Hauptstadt Tirana oder in die Hafenstadt Durrës eine Möglichkeit zu einem begrenzten sozialen und ökonomischen Aufstieg. Im Vergleich bot Jugoslawien wesentlich bessere ökonomische Entwicklungsmöglichkeiten.

Die neue Föderative Volksrepublik Jugoslawien (ab 1963 Sozialistische Föderative Republik Jugoslawien) verstand sich jedoch im Gegensatz zu seinem Vorgängerstaat nicht als Zentralstaat, sondern als föderale Republik gleichberechtigter Teilrepubliken. Noch vor dem Ende des Zweiten Weltkriegs wurde am 2. August 1944 die Sozialistische Republik Mazedonien (Социјалистичка Република Македонија) ausgerufen, zu der nun auch die beiden goranischen Dörfer Urvic und Jelovjane zählten.

Bis zum Zusammenbruch des gemeinsamen Jugoslawiens spielte diese neue Grenze innerhalb Goras allerdings keine besonders wichtige Rolle. Erst mit der Unabhängigkeit Mazedoniens am 8. September 1991 wurde daraus eine neue internationale Grenze. Seither ist Gora auf drei verschiedene Staaten aufgeteilt, bis zum Krieg zwischen NATO und Jugoslawien 1999 bzw. der unilateralen Unabhängigkeitserklärung des Kosovo 2008 zwischen Serbien, Albanien und Mazedonien, seither zwischen Kosovo, Albanien und Mazedonien.

Die Staatsgrenzen, die die Region durchschneiden, hatten in diesem 20. Jahrhundert unterschiedliche Bedeutung. War die jugoslawisch-albanische Grenze nach dem Bruch zwischen Tito und Hoxha 1948 eine der hermetischsten Grenzen der Welt, so kann man heute zwischen den goranischen Dörfern den Kosovo und Albaniens über die grüne Grenze spazieren. Bildete die Grenze zwischen der seit 1974 weitgehend autonomen Provinz Kosovo und Mazedonien bis 1991 eine reine Verwaltungsgrenze, so war es nach 1991 plötzlich nicht mehr möglich vom Kosovo aus die Märkte in Mazedonien zu besuchen und dort seine Schafe zu verkaufen.

Die GoranerInnen des Kosovo wurden so zu einer marginalisierten Minderheit in einem isolierten Eck des Kosovo, bis nach 1999 wieder die Grenzen nach Albanien aufgehen sollten.

## Gorani im Kosovo

Insgesamt werden im Kosovo neben der Stadt Dragaš achtzehn Dörfer von Gorani bewohnt. Das Siedlungsgebiet beginnt nordwestlich von Dragaš mit den Dörfern Donja Rapča und Gornja Rapča[57] und setzt sich westlich davon mit Donji Krstac und Gornji Krstac fort. Der Hauptort des goranischen Siedlungsgebietes bildet die Stadt Dragaš, die bis in die 1960er-Jahre noch ausschließlich von Gorani bewohnt war, seit den 1970er-Jahren aber durch Zuzug zu einer gemischten Stadt mit albanischer und goranischer Bevölkerung wurde.

Politisch bestand die Region Gora nach dem Zweiten Weltkrieg aus den vier Gemeinden Dragaš, Brod, Vranište und Kruševo. 1960 wurden diese vier goranischen Gemeinden mit drei albanischsprachigen Gemeinden zur Gemeinde Dragaš/Dragash zusammengelegt.[58] Zwischen 1991 und 1999 bildete das goranischsprachige Gebiet schließlich eine selbstständige Gemeinde mit dem Namen Gora, was jedoch genau in jene Phase der serbischen Herrschaft über Kosovo fiel, in der die serbische Regierung versucht hatte die nichtalbanischen Minderheiten zu begünstigen, um die albanischen Ansprüche auf das Land zu delegitimieren, was mit dazu beitrug, dass die albanische Bevölkerung die Gemeinde Gora als serbisches Herrschaftsinstrument wahrnahm. Die 1999 durch die UNMIK vorgenommene erneute Zusammenlegung mit der mehrheitlich albanischen Gemeinde Opolje zur Gemeinde Dragash bleibt bis heute umstritten. Für viele Gorani stellt die selbstständige Gemeinde Gora einen positiven Bezugspunkt und deren Wiederherstellung eine zentrale Forderung dar. Aus serbischer Sicht hat die Gemeinde nie aufgehört zu existieren.

Die relative Zunahme der albanischen Bevölkerung in Dragaš wird von proserbischen Autoren, wie Harun Hasani, ein in Belgrad lebender goranischer Historiker und Mitglied der serbischen Akademie der Wissen-

---

57 Unteres und Oberes Rapča. Beide Dörfer liegen nur 2 km voneinander entfernt und nützen eine gemeinsame Schule mit einigen Lokalen dazwischen gemeinsam. Auch das Untere und Obere Krstac bilden gemeinsam ein eng miteinander verbundenes Doppeldorf.

58 Ahmetović 2002: 57.

schaften, als Albanisierung der Region interpretiert und in einen Kontext mit den „tragischen Ereignissen" in „Kosovo und Metohia" gestellt:

*„The number of Albanians in Dragaš doubled after tragic events in Kosovo and Metohia, and the settlement was physically divided into upper Dragaš where Albanians are prevalent, and lower Dragaš where native Goranies live."* [59]

Tatsächlich hat die albanische Bevölkerung in Dragaš seit 1999 stark zugenommen und die goranische Bevölkerung teilweise marginalisiert. Allerdings gilt dies nur für die Stadt Dragaš selbst. Die goranischen Dörfer sind weiterhin vollständig in goranischer Hand.

Die Stadt Dragaš hingegen fungiert heute als regionales Zentrum sowohl für die goranische Region Gora als auch für die albanischen Dörfer in Opoja. Beide Regionen, die zuvor unabhängige Gemeinden waren, wurden 1999 nach dem Kosovo-Krieg von der United Nations Interim Administration Mission in Kosovo (UNMIK) zu einer gemeinsamen Gemeinde zusammengelegt. Diese Zusammenlegung der Gemeinden Opoja und Gora zur Gemeinde Dragaš führte zu einer mehrheitlich albanischen Großgemeinde deren Zentrum, die Stadt Dragaš eine zunehmend deutlicher albanische Bevölkerungsmehrheit erhielt.

Von Dragaš aus teilt sich die Landschaft nach Süden hin in zwei Haupttäler. Im westlichen Haupttal befinden sich die Dörfer Vranište, Mlike, Globočica, Kruševo, Zlipotok und Restelica. Im östlichen befinden sich Kukaljane, Dikance, Bačka und Brod. Östlich von Dragaš liegen schließlich die drei Dörfer Ljubovište, Leštane und Radeša und westlich an der albanischen Grenze das weitgehend isolierte kleine Dorf Orčuša.

Bis auf die Stadt Dragaš sind all diese Dörfer ausschließlich von Gorani bewohnt. Niemand würde hier einem Albaner oder einer Albanerin ein Haus verkaufen und wahrscheinlich würde auch keine Albanerin und kein Albaner in ein goranisches Dorf ziehen wollen. Die Spannungen zwischen AlbanerInnen und Gorani sind dafür noch viel zu stark. Mischehen kommen in der Region nicht vor, sondern allenfalls sehr vereinzelt unter Familien, die nach Prizren gezogen sind. In der Region sind die Dörfer und Lebenswelten aber sehr klar voneinander getrennt.

---

59 Hasani 2002: 43.

Gemeinsam ist sowohl der albanischen Region Opoja als auch dem slawischen Gora, die lange Migrationsgeschichte. Beide Regionen waren wirtschaftlich marginalisiert und aus beiden Regionen wanderten bereits in den späten 1960er-Jahren im Rahmen der Anwerbung von so genannten ‚Gastarbeitern' junge Männer nach Österreich, Deutschland und die Schweiz aus. Dazu kamen in den 1990er-Jahren AlbanerInnen aus Opoja, die aus politischen Gründen das Land verließen und nach 1999 GoranerInnen aus Gora, die als Flüchtlinge nach Österreich und Deutschland kamen. Für die Gorani bildeten zudem auch Serbien und teilweise auch Mazedonien und Bulgarien beliebte Emigrationsländer.

Auch wenn grundsätzlich sowohl von den goranischen als auch von den albanischen Dörfern im Gemeindegebiet von Dragaš immer wieder größere Bevölkerungsteile auswanderten, so hat die Zeit nach 1999 doch eine bisher nie da gewesene Verschiebung im Gleichgewicht zwischen AlbanerInnen und GoranerInnen mit sich gebracht. Hatten die Volkszählungen in jugoslawischer Zeit nur eine leichte Verschiebung zugunsten der AlbanerInnen gebracht[60], so wurden die Gorani ab 1999 endgültig marginalisiert.

Bei der letzten Volkszählung im Kosovo von 2011 gaben in der Gemeinde Dragaš 20.287 Personen an ‚Albaner' zu sein. Diesen standen nur noch 8.957 Gorani gegenüber, zu denen allerdings wohl auch noch jene 4.100 Personen gezählt werden müssen, die angaben ‚Bosniaken' zu sein.[61] Sprachlich und ‚ethnisch' gibt es allerdings keinen Unterschied zwischen den Gorani und den ‚Bosniaken' in der Region Gora. Vielmehr ist es eine politische Frage, zu welcher Gruppe sich jemand bekennt.

Die slawischsprachigen Muslime wurden in Jugoslawien ab der Volkszählung von 1961 als ‚ethnische Muslime' betrachtet. Srećko M. Džaja weist zwar darauf hin, dass es innerhalb der kommunistischen Partei

60 1971: 13,867 AlbanerInnen und 11,076 Muslimani, gesamt 26,850; 1981: 18,623 AlbanerInnen und 15,942 Muslimani, gesamt 35,054; 1991: 22,785 AlbanerInnen, 16,129 Muslimani, gesamt 39,435.

61 http://census.rks-gov.net/istarMDEE/MD/dawinciMD.jsp?a1=yC&a2=mF0&n=1UR90600051&o=oD&v=1UR060ET00051000000&p=0&sp=null&l=0&exp=0, abgefragt am 10.1. 2013

bereits im ersten Jugoslawien vor dem Zweiten Weltkrieg Bestrebungen gab, die Muslime als eigene ethnische Gruppe neben Serben und Kroaten zu sehen, allerdings musste sich diese Position erst in den 1950er-Jahren als offizielle Politik innerhalb der Jugoslawischen KommunistInnen durchsetzen.[62] Um die seit 1961 erfolgte Zuordnung als ethnische Gruppe von der Religionszugehörigkeit zu unterscheiden, wurden die ‚ethnischen Muslime' groß geschrieben (*Muslimani*) während die Gesamtheit der religiösen Muslime – die auch muslimische AlbanerInnen, TürkInnen und Ashkali umfasste – klein geschrieben wurde (*muslimani*).

Die Schaffung einer eigenen Ethnizität der Bosniaken (Bošnjaci)[63] setzte sich erst im Zuge des Bosnien-Krieges und der Eigenstaatlichkeit Bosniens in Bosnien-Herzegowina ein und wurde wesentlich von der Bosnisch-Muslimischen Regierungspartei Stranka demokratske akcije (SDA), ihrem Präsidenten Alija Izetbegović und dem damaligen höchsten muslimischen Geistlichen in Sarajewo, dem langjährigen Reisu-l-ulema Mustafa Efendi Cerić[64] betrieben.

Die slawischsprachigen Muslime des Kosovo, die im Gegensatz zu den slawischen Muslimen in Kroatien oder Slowenien nicht aus Bosnien eingewandert waren, sondern autochthone Minderheiten ohne näheren Bezug zu Bosnien bilden, hatten sich bis zu diesem Zeitpunkt nie mit Bosnien identifiziert.[65] Erst die Bosniakisierungspolitik der bosnisch-muslimischen Führung und der Druck zur Identifikation mit einer größeren ‚Nation' führten ab den 1990er-Jahren zu einer partiellen Übernahme einer bosniakischen Identität kosovarischer slawischer Muslime.

---

62 Džaja 2002: 238.

63 Der Begriff der Bošnjaci ist vom Begriff der Bosanci zu unterscheiden. Während die Bosanci alle Staatsangehörigen des Staates Bosnien-Herzegowina bezeichnen, wird der Begriff der Bošnjaci für die früheren ‚ethnischen Muslime' verwendet, also nur für slawischsprachige Muslime bzw. deren Nachkommen.

64 Cerić, der 1990 zu den Gründungsmitgliedern von Izetbegovićs SDA zählte, stürzte 1993 seinen Vorgänger Jakub Selimovski und blieb bis zum November 2012 Reisu-l-ulema von Bosnien und Herzegowina. Im Dezember 2012 wurde er zum Präsidenten des Bosniakischen Weltkongresses gewählt und versucht so sich weiterhin eine einflussreiche Position zu sichern.

65 Vgl. Larise, forthcoming.

Die bosniakische Identitätskonstruktion wird in den letzten Jahren auch von Teilen der slawischsprachigen Muslime Serbiens, Montenegros, Mazedoniens und des Kosovo als Nachfolgeidentität der jugoslawischen *Muslimani* übernommen. Im Kosovo konkurriert diese Selbstbezeichnung allerdings mit anderen ethnischen Selbstidentifikationen slawischsprachiger Muslime, nämlich der bisher im Kosovo verwendeten Bezeichnungen der ‚Torbeš' für überwiegend mazedonischsprachige Muslime in der Region Prizren mit einem geschlossenen Siedlungsgebiet um das Dorf Reçan und eben der Gorani, die in der Vergangenheit teilweise ebenso als ‚Torbeš' bezeichnet wurden, deren Eigenbezeichnung ‚Gorani' allerdings ebenfalls eine lange historische Verankerung aufweisen kann.

Dabei handelt es sich jedoch um fluide Identitäten, die sowohl in der Selbstidentifikation als auch in der wissenschaftlichen Literatur unterschiedlich verwendet werden. So betrachtet etwa manche AutorInnen die Gorani als Untergruppe der Torbeš[66], während andere in ihnen eine eigene Gruppe südslawischer Muslime sehen, die neben den Torbeš existiert. Beide Gruppen werden oft als serbisch- oder serbokroatischsprachig beschrieben, während wiederum Andere die Torbeš als *„Muslim ethnic group in the Balkans, mostly speaking the Macedonian language"*[67] betrachten. Diese Charakterisierungen hängen einerseits davon ab ob die AutorInnen über den Kosovo oder Mazedonien arbeiten, aber auch von jeweils eigenen politischen Einschätzungen. Tatsächlich handelt es sich bei den Sprachen des Bulgarischen, Mazedonischen, Bosnischen und der Varietäten der Torbeš und um unterschiedliche Varietäten eines südslawischen Dialektkontinuums, aus dem sich zu unterschiedlichen historischen Zeitpunkten unterschiedliche Dachsprachen entwickelt haben, entlang derer sich dann unterschiedliche Sprach- und Identitätskonstruktionen entwickelt haben.

Welche dieser Identitätskonstruktionen dann jeweils bevorzugt werden, hängt weniger von realen sprachlichen Zugehörigkeiten von machtpolitischen und ökonomischen Faktoren ab. Gerade kleine Minderheiten in ökonomisch und politisch peripheren Regionen sehen sich

---

66 Telbizova-Sack 2005: 51.

67 Dikici 2008: 28.

oft gezwungen sich durch die Zuordnung zu einer größeren Ethnizität politische und ökonomische Verbindungen zu schaffen, die für das eigene Überleben notwendig sind. Mit dem Wegfall der serbischen Schutzmacht nach dem Rückzug Serbiens 1999 ist es so nur rational, dass viele jener Gorani, die nicht weiter auf serbische Unterstützung setzen wollten, sich einer bosniakischen Identität zuzuwenden begannen.

Diese Verschiebung der Selbstidentifizierung von Teilen der slawischsprachigen Muslime des Kosovo hin zu einer ‚bosniakischen' Identität wurde auch für Angehörige der österreichischen KFOR-Truppe, die im Gebiet um Prizren und damit auch im Siedlungsgebiet der Gorani aktiv ist, deutlich. Christian Buranits, der im österreichischen KFOR-Kontingent im Kosovo stationiert war, schildert in seiner Diplomarbeit, dass sich bereits 2001 viele Vertreter der slawischsprachigen Muslime als ‚Bosniaken' bezeichnet hätten und der damalige Parteivorsitzende der sich an Sarajewo orientierenden Partei der demokratischen Aktion (Stranka demokratske akcije, SDA) *„in einer Diskussion sogar eine historisch-geographische Herkunft der Bosniaken im Kosovo aus Bosnien-Herzegowina konstruierte, um damit die Verwendung des Begriffes ‚Bosniaken' zu untermauern und zu verteidigen."*[68]

Die kosovarische SDA, die als direkter Ableger der gleichnamigen Regierungspartei Bosnien-Herzegowinas zu betrachten ist, war nach 1999 eine der Hauptbetreiberin der Konstruktion einer bosnischen Identität im Kosovo und war mit dieser Strategie v.a. unter den früher oft als ‚Torbeš' bezeichneten mazedonischsprachigen Muslimen relativ erfolgreich, trug damit allerdings bei den Gorani zu einer tiefen Spaltung der Minderheit bei. Neben der SDA betreibt auch die rivalisierende *Koalicija Vakat*, die sich ebenfalls als Dachorganisation der bosniakischen Minderheit versteht eine Identifikation der slawischsprachigen Muslime des Kosovo als Bosniaken.

All diese Identitätsdebatten finden in einem politischen Raum statt, in dem die Gorani zwischen die Fronten des Albanisch-Serbischen Konfliktes geraten sind. Als Muslime sind sie keine Serben, als Slawen keine Albaner. Zugleich wurden die nichtalbanischen Minderheiten allerdings

---

68 Buranits 2009: 6.

vor 1999 von der serbischen Regierung unter Slobodan Milošević mehrfach ge- oder benutzt.

Einerseits wurden die Minderheiten genutzt um der internationalen Öffentlichkeit den Kosovo als multiethnisches Gebiet zu präsentieren und damit der Darstellung der kosovoalbanischen Nationalbewegung, insbesondere der bewaffneten Ushtria Çlirimtare e Kosovës (UÇK) zu widersprechen, wonach der Kosovo ein albanisches Territorium unter serbischer Herrschaft wäre. Die Minderheiten – neben den Serben auch Türken, Roma, Aschkali, Kroaten, Tscherkessen, Ägypter[69] und eben auch slawische Muslime – wurden somit von serbischer Seite gegen die albanische Nationalbewegung in Stellung gebracht. Auch wenn einige dieser Minderheiten sich einer solchen Instrumentalisierung weitgehend verweigerten – und von den Aschkali sogar viele in den Reihen der UÇK kämpften – wurden die Ressentiments albanischer Nationalisten gegen nichtalbanische Minderheiten dadurch verstärkt.

Zudem stützte sich der serbische Staat nach der de facto-Abschaffung der Autonomie des Kosovo 1989 auf die ethnischen Minderheiten, um das Gebiet überhaupt noch verwalten zu können. AlbanerInnen wurden aus der Verwaltung und den meisten staatlichen Betrieben entlassen und durch Angehörige der Minderheiten ersetzt. Insbesondere wurden jedoch die Sicherheitskräfte von Angehörigen der Minderheiten gestellt. Auch wenn die nichtserbischen Minderheiten sich keineswegs mit Begeisterung in die Arme des von so unterschiedlichen Kräften wie Slobodan Miloševićs Sozialistischer Partei, Vojislav Šešeljs Serbischen Radikalen Partei und Vuk Draškovićs Serbischer Erneuerungsbewegung propagierten großserbischen Nationalismus warfen, so fanden sie auch kaum Möglichkeiten sich den nationalistischen Mobilisierungen von beiden Seiten völlig zu entziehen. In den 1990er-Jahren stimmten viele

69 Die Ägypter des Kosovo haben keine Verbindung mit dem Staat Ägypten oder dessen Bevölkerung. Vielmehr handelt es sich um eine Roma-Gruppe, von denen viele sich als Nachkommen von Soldaten verstehen, die im 4. Jahrhundert vor Christi mit den Ptolemäern auf den Balkan gekommen sein sollen. Wie die Aschkali sind die Ägypter sprachlich albanisiert und sprechen kein Romanes. Als eigenständige Volksgruppe wurden sie erst unter 1991 bei der letzten jugoslawischen Volkszählung abgefragt. Damals deklarierten sich 6.355 Personen in Serbien, davon 5.881 im Kosovo als Ägypter.

Gorani für Miloševićs Sozialistische Partei oder für Draškovićs Serbische Erneuerungsbewegung. Zugleich war allerdings auch bereits die bosniakische SDA aktiv, aus der sich die meisten goranischen Parteien nach 1999 entwickelten. Auch wenn sich die SDA, die bereits 1990 eine Zweigstelle in Dragaš errichtete, scharf vom serbischen Nationalismus abgrenzte, ging ihre Anhängerschaft nicht so weit, sich mit dem albanischen Widerstand zu verbünden, sondern versuchte vielmehr eine eigenständige goranisch-bosniakische Position zu finden.

Der Kosovo stellte immer die am stärksten ökonomisch marginalisierte Region Jugoslawiens dar in denen einige der Minderheiten wiederum in peripheren Randgebieten lebten. Für viele Roma oder Ägypter bot die Verdrängung der Albaner aus dem Arbeitsleben die Möglichkeit endlich in reguläre Beschäftigungsverhältnisse zu kommen. Dies gilt gerade auch für jene Gorani, die vor dem Zerfall Jugoslawiens als Zuckerbäcker und im Tourismus in Ljubljana, Zagreb, Sarajewo oder an der dalmatinischen Küste arbeiteten und nach der Unabhängigkeit Sloweniens und Kroatiens und dem Beginn des Kriegs in Bosnien in ihre Heimatdörfer zurückkehren mussten. Kaum jemand konnte oder wollte sich in dieser Situation den Arbeitsangeboten der serbischen Verwaltung verweigern.

Die dramatischsten Folgen für das zukünftige Zusammenleben von Gorani und AlbanerInnen sollte allerdings die Einberufung der Minderheiten zur Jugoslawischen Volksarme (JNA) haben. Als nach dem Beginn des Krieges zwischen der UÇK und der Jugoslawischen Volksarmee ab 1996 keine Albaner mehr zur Armee eingezogen wurden, erfüllten die Gorani weiterhin ihre Wehrpflicht. Nach Beginn des Aufstands der albanischen Guerilla UÇK wurden rund 2.200 Gorani in die Armee eingezogen, die damit auf der anderen Seite des bewaffneten Konfliktes aktiv waren.

In der Region selbst fanden zwar nur relativ wenige Kämpfe statt, da sich die UÇK auf andere Teile des Kosovo konzentrierte, trotzdem wurden insgesamt über 30 Häuser von AlbanerInnen zerstört, vier Personen getötet und drei weitere vermisst. Allerdings kam es zu keinen gröberen Zwischenfällen zwischen goranischen und albanischen ZivilistInnen in Dragaš, was sicher auch damit zu tun hat, dass außer Dragaš selbst keine gemischten Siedlungen vorhanden waren und während des Krieges jede Gruppe in ihren eigenen Dörfern blieb.

Mit dem Rückzug der jugoslawischen Armee und der serbischen Behörden am Ende des Krieges, zogen sich jedoch auch viele der bis dahin wichtigen goranischen Eliten, insbesondere die politischen Eliten nach Serbien zurück. Damit gingen auch tausende Arbeitsplätze – sowohl in der Verwaltung als auch in der Textilindustrie – verloren.

Zwischen dem Abzug der jugoslawischen Armee und dem Eintreffen der NATO-Truppen kam es zu Plünderungen und anderen Gewaltakten gegen Gorani. Eine Reihe von Häusern, insbesondere solche von ehemaligen Angehörigen der jugoslawischen Armee, wurden angezündet. Anschläge mit Bomben und Handgranaten wurden verübt.

Auch wenn offene Gewalt mit dem Eintreffen der NATO-Truppen etwas eingedämmt werden konnte, so kam es bis Mitte 2001 immer wieder zu Angriffen mit für einige Gorani auch tödlichem Ausgang. Laut einem Gutachten von Stephan Müller aus dem Jahre 2004, das zur Beurteilung von Fluchtgründen für Gorani aus dem Kosovo verwendet wurde, kam es allein in den Jahren 2000 bis einschließlich April 2001 „*zu 35 Übergriffen mit Handgranaten oder anderen Waffen, bei denen zwei Gorani ermordet worden. Bedrohungen, Plünderungen und Schutzgeldforderungen stellten weitere Methoden der Einschüchterung dar.*"[70]

Die KFOR (Kosovo Force), die 1999 unter NATO-Führung aufgestellt wurde, war offensichtlich nicht in der Lage diese Gewaltakte gegen die Gorani zu verhindern. Die Gemeinde Dragaš, zu der die *United Nations Interim Administration Mission in Kosovo* (UNMIK) die goranische Gemeinde Gora mit der albanischen Gemeinde Opoja nach dem Abzug der Serben zusammen gelegt hatten, gehörte zum Teilbereich der Multinationalen Taskforce (MNTF) Süd der KFOR, die von Deutschland als *Lead Nation* geführt wurde und zudem türkische, österreichische und schweizer Truppen umfasste. In Gora waren v.a. türkische Truppen präsent. Von einer gewissen Beruhigung der Sicherheitslage kann allerdings erst ab Ende 2001 gesprochen werden, als bereits viele Gorani

70 Müller 2004: 6.

aus dem Kosovo die Flucht nach Westeuropa oder nach Serbien ergriffen hatten.

In seinem Gutachten vom November 2004 kommt Stephan Müller einige Monate nach den März-Unruhen mit ihren pogromartigen Ausschreitungen gegen SerbInnen zum Schluss, dass die Gorani nur innerhalb ihrer Gemeinde und in Prizren bzw. am Weg nach Prizren Bewegungsfreiheit genießen:

*„Weitere Reisen wie nach Serbien und Montenegro werden durch regelmäßigen, organisierten Busverkehr ermöglicht. Ein Grund für die eingeschränkte Bewegungsfreiheit der Gorani ist die Tatsache, dass der größte Teil von ihnen nur Gorani bzw. Serbisch oder Bosnisch, aber kein Albanisch spricht."*[71]

Diese Situation hat sich in den letzten Jahren zwar sichtlich gebessert. De facto verlassen die meisten Gorani jedoch fast nie ihre Region bzw. Prizren. Allenfalls werden die albanischen Gebiete des Kosovo mit dem eigenen PKW durchfahren. Kaum jemand besucht allerdings die Hauptstadt Prishtina oder eine der anderen albanischen Städte des Landes. Auch wenn heute kaum mehr Gewaltakte gegen Gorani stattfinden, so hat sich am subjektiven Klima der Angst für viele wenig geändert. Gora selbst gilt den meisten Gorani als sicheres Territorium, das multiethnische Prizren gewissermaßen als dessen Fortsetzung. Darüber hinaus betrachten die meisten den Kosovo als eher feindlich gesinntes Territorium.

Diese Unsicherheit hat nicht nur mit der Gewalt gegen Gorani nach 1999 zu tun, sondern auch mit dem generellen Mangel an Rechtsstaatlichkeit im Kosovo. Auch AlbanerInnen verfügen oft nur über ein sehr eingeschränktes Vertrauen in die kosovarischen Sicherheitskräfte. Anders als die AlbanerInnen verfügen die Gorani allerdings nicht über große und oft auch einflussreiche Familien, die in einem rechtsstaatlich prekären Raum als Sicherheitsgarantie fungieren. Das weitverbreitete subjektive Unsicherheitsgefühl ist jedoch mit Sicherheit auch eine Spätfolge der Jahre 1999 bis 2001, die vielen Gorani bis heute in leben-

71 Ebenda: 6.

diger Erinnerung geblieben sind und von den proserbischen Fraktionen der Gorani auch bewusst in Erinnerung gehalten werden.

Wie diese Darstellung zeigt, ist die Peripherisierung Goras eine Folge des Zerfalls bzw. der Zerschlagung Jugoslawiens. Sie ist aber auch eng mit der Veränderung der ökonomischen Grundlagen verbunden. Die neoliberale Klientelwirtschaft, die sich nach 1999 im Kosovo herausbildete, ermöglichte den Gorani keinen Zugang zur kosovarischen Wirtschaft, machte sie jedoch umso abhängiger von Zahlungen aus Belgrad. Von neuen Staatsgrenzen durchschnitten und vom neoliberal-klientelistischen Umbau der Ökonomie des Kosovo völlig marginalisiert, fand sich die Region nach 1999 ohne die während des Sozialismus in Dragaš aufgebaute Textilindustrie und mit einer weitgehend zerstörten Viehzucht wieder. Die Region war damit zur politischen und ökonomischen Peripherie des ohnehin mit schweren ökonomischen und politischen Problemen kämpfenden Kosovo geworden.

Abb. 30: Dragaš, August 2012.

Abb. 31: Alte Mühle von Dragaš, April 2013.

Abb. 32: Soldaten des Österreichischen Bundesheeres im Rahmen ihres KFOR-Einsatzes am Hauptplatz von Dragaš, August, 2006.

Abb. 33: Brod, März 2008.

Abb. 34: Hauptstraße von Brod, Juli 2012.

Abb. 35: Restelica, Juli 2012.

Abb. 36: Vranište, August 2012.

Abb. 37 u. 38: Orčuša, August 2012.

Abb. 39: Mlike, August 2012.

Abb. 40: Ljubovište, April 2013.

Abb. 41: Unteres Radeša, August, 2012.

Abb. 42: Oberes Radeša, August 2012.

Abb. 43: Die vier Cousins Suada Isaki, Hanifa Rasiti, Aiša Isaki und Aldian Isaki (v.r.n.l.) sehen sich nur im Sommer in Radeša, August 2012.

Abb. 44: Eines der letzten alten Häuser im Oberen Radeša, August 2012.

Abb. 45: Zwei ältere Bewohnerinnen von Dikance, August 2012.

Abb. 46: Dikance mit dem Dorf Backa im Hintergrund, August 2012.

Abb. 47: Backa, August 2012.

Abb. 48: Globočica, August 2012.

Abb. 49: Donji Krstac, August 2012.

Abb. 50: Gornji Krstac, August 2012.

Abb. 51: Kruševo, Juli 2012.

Abb. 52: Der Sprachwissenschaftler und Gründer der Partei Vakat, Sadik Idrizi Aljabak, lebt wie sein politischer Gegenspieler Nasuf Brenoli in Kruševo, August 2012.

## Gorani in der politischen Landschaft des Kosovo

Die Politik der GoranerInnen ist mindestens so komplex wie der Status des Kosovo und spielt sich nicht nur zwischen Belgrad und Prishtina, sondern zusätzlich auch noch zwischen Sarajewo, Skopje und Tirana ab.

Bei den kosovarischen Wahlen 2007 konnte sich die aus drei regionalen Kleinparteien bestehende *Koalicija Vakat* mit zwei für die Minderheit reservierten Mandaten und einem freien Mandat eindeutig als die stärkste politische Kraft unter den slawischsprachigen Muslimen etablieren, während die SDA und die sich auf eine eigene goranische Identität beziehende *Građanska Inicijativa Gore* (GIG) jeweils ein für die Minderheit der Bosniaken und für die Minderheit der Gorani reserviertes Mandat erhielten. Mit dem Niedergang der kosovarischen SDA scheinen sich als Alternative die Beziehungen zwischen der Bosnischen ‚Mutterpartei' der SDA und der *Koalicija Vakat* intensiviert zu haben. In Gora sind alle drei Parteien vertreten. Andere ‚bosniakische' Minderheitenparteien, wie die Bosniakische Partei der Demokratischen Aktion des Kosovo (*Bošnjacka Stranka Demokratske Akcije Kosova, BSDAK*), die den Einzug ins Parlament verfehlten.[72]

Die *Koalicija Vakat* konnte sich in den letzten Jahren als stärkste politische Kraft der slawischsprachigen Muslime im Kosovo etablieren. Dabei handelt es sich allerdings nicht um eine einheitliche Partei, sondern um eine Parteienkoalition von vier unterschiedlichen Regionalparteien. Die in Gora aktive regionale Mitgliedspartei der *Koalicija Vakat* nennt sich *Demokratska Stranka Vatan* (Demokratische Partei Heimat), die in dieser Form 2004 vom Sprachwissenschaftler Sadik Idrizi Aljabak gegründet wurde. Neben Vatan sind mit der *Demokratska stranka Bošnjaka*, der *Bošnjačka stranka Kosova* und neuerdings auch der *Nova Demokratska Stranka* noch drei weitere bosniakische Regionalparteien aus anderen Teilen des Kosovo Teil der *Koalicija Vakat*.

Bei den bisher einzigen Parlamentswahlen seit der Unabhängigkeit des Kosovo im Dezember 2010 erreichte die *Koalicija Vakat* nur mehr 2 Mandate, während die SDA nicht mehr den Einzug ins Parlament

---

72 Cocozelli 2008: 292.

schaffte. Stattdessen gelang der BSDAK und der Neuen Demokratischen Partei (*Nova Demokratska Stranka*) mit je einem Mandat der Einzug ins Parlament. Die GIG behielt weiterhin das für die Gorani reservierte Mandat, wobei auch die GIG mit der Sozialdemokratischen Partei Gora (*Socijaldemokratska Stranka Gore*), eine relativ starke Herausforderin hatte, die laut offizieller Wahlstatistik mit 598 Stimmen nur 189 Stimmen hinter der GIG lag.[73]

Die *Socijaldemokratska Stranka Gore* stellt allerdings keine Abspaltung der GIG dar. Ihr Gründer Nasuf Brenoli, ein Lehrer aus Kruševo, war vor der Gründung seiner eigenen Partei Mitglied der *Koalicija Vakat* und kritisiert beide in Gora dominierenden Parteien, die GIG und die *Koalicija Vakat* sehr scharf. Brenoli beschuldigt die beiden Parteien sich zusammen arrangiert und sich Macht und ökonomischen Einfluss in Gora aufgeteilt zu haben. Wer nicht bei einer der beiden Parteien dabei wäre, hätte keine Chance auf Jobs. Beiden wirft der ehemalige Schuldirektor der Grundschule von Kruševo Nepotismus und Korruption vor.[74] Brenolis scharfe Kritik an GIG und *Vakat* hatte für ihn selbst weitreichende Folgen. Der passionierte Lehrer verlor seinen Job als Lehrer und Schuldirektor und lebt heute mehr schlecht als recht vom Verkauf eines ausgezeichneten Honigs, den seine Bienenvölker abwerfen.

Für Brenoli, der vor seiner Parteigründung sogar Preise und Ehrungen für seine Arbeit als Schuldirektor erhalten hatte, ist der Zusammenhang zwischen seiner Kündigung und seinem politischen Engagement offensichtlich. Seine politischen Gegner von *Vakat* und GIG bestreiten dies hingegen. Die Kündigung habe nichts mit Brenolis politischem Engagement zu tun. Der Gründer der *Koalicija Vakat*, Sadik Idrizi Aljabak, der nur wenige Meter von Brenoli entfernt ebenfalls in Kruševo lebt, bestreitet irgendetwas mit der Kündigung Brenolis zu tun zu haben. Für die Einstellung und Kündigung von Lehrern wären die Schulbehörden zuständig und seine Partei hätte auf diese keinen Einfluss.[75]

---

73 Rezultetet e përgjithshme Opšte rezultati, 30.1.2011 unter http://www.kqz-ks.org/SKQZ-WEB/al/zgjedhjetekosoves/materiale/rezultatet2010/1.%20Rezultatet%20e%20per gjithshme.pdf, 12.2.2011

74 Interview mit Nasuf Brenoli, Kruševo, 17. August 2012.

75 Interview mit Sadik Idrizi Aljabak, Kruševo, 17. August 2012.

Auch andere PolitikerInnen von GIG und *Vakat* bestreiten die Kündigung Brenolis betrieben zu haben. Brenoli selbst hat den Rechtsweg beschritten und kämpft um seine Anstellung. Bis zu einer endgültigen Klärung der Vorwürfe steht jedoch Aussage gegen Aussage.

Dass sich die *Koalicija Vakat* und die GIG den Löwenanteil der goranisch-kosovarischen politischen Landschaft teilen, ist unbestritten. Dass jene, die sich nicht ohnehin an Belgrad und die serbischen Vertreter in der Region binden, auf eine gewisse Kooperation mit einer der beiden Parteien angewiesen sind, wenn sie Zugang zu Politik und Ökonomie wollen, ist unübersehbar. Wie weit Nepotismus und Korruption dabei jeweils gehen und wer dabei wie viel verdient, ist hingegen ein ebenso gut gehütetes, wie umstrittenes Geheimnis. In einer Region, in der von keiner relativen Autonomie von Ökonomie und Politik gesprochen werden kann, und in der Korruption und Nepotismus allgegenwärtig sind, ist es allerdings nicht verwunderlich, dass auch goranische Parteien davon nicht gefeit sind.

Dabei standen sich allerdings auch die beiden großen goranischen Parteien immer wieder als Rivalen gegenüber. Eine zentrale Frage bildet auch hier die Nähe bzw. Distanz zu Prishtina und Belgrad. Während die *Koalicija Vakat* explizit für die Unabhängigkeit des Kosovo eingetreten ist und um ein gutes Verhältnis mit Prishtina bemüht ist, geht es der GIG v.a. um die Sicherung eigener goranischer Interessen. Vonseiten der *Koalicija Vakat* wird deshalb der GIG teilweise vorgeworfen „proserbisch" zu sein, was jedoch von der GIG bestritten wird. Die beiden Parteien nehmen auch die Bedrohungslage für die Gorani sehr unterschiedliche wahr. Während Dragashs goranischer Vizebürgermeister Sabidin Cufta von der *Koalicija Vakat* erklärt, dass es keine größeren Probleme mit den AlbanerInnen im Ort gäbe, erfährt man im Parteibüro der GIG von einer ganzen Liste von Anschlägen auf Gorani im Gemeindegebiet. Alija Abdi, wichtiger Gemeindepolitiker der GIG kritisierte in den Jahren verstärkter Unsicherheit nach 1999 vor allem den Umgang der kosovo-albanischen Behörden mit gewaltsamen Übergriffen und Anschlägen auf Gorani, dass kein einziger Täter je gefasst oder gar verurteilt worden wäre: *„Ist es da verwunderlich, dass wir uns unsicher fühlen?"*[76]

Die GIG stellte Gorani, die in die EU fliehen auch immer wieder Bestätigungen für ihre Probleme im Kosovo aus. Sabidin Cufta, der damalige goranische Vizebürgermeister der Gemeinde Dragaš, der als Stellvertreter des albanischen Bürgermeisters Salim Jonuzi von Hashim Thaçis PDK fungiert und *Koalicija Vakat* angehört, hielt diese Emigranten allerdings bereits 2006 lediglich für Wirtschaftsflüchtlinge. Trotzdem zeigt er ein gewisses Verständnis für diese MigrantInnen, da die wirtschaftlichen Probleme in der Region beinahe unlösbar wären:

*„Die Leute hier haben überhaupt keine Perspektive mehr. Wir waren eigentlich immer Bauern und Hirten. Bevor die Probleme angefangen haben, gab es in Gora 120.000 Schafe, heute sind es nur noch 5000."*[77]

Auch sein Nachfolger Ćasip Kuši, der heute als Vizebürgermeister amtiert, gehört der *Koalicija Vakat* bzw. der *Demokratska Stranka Vatan* an und vertritt eine ähnliche Position wie sein Vorgänger. Auch Kuši fokussiert auf die wirtschaftliche Problematik als Hauptursache für die Emigration der Gorani aus der Region.[78]

Die Lokalpolitiker der Koalicija Vakat bzw. der Demokratska Stranka Vatan bemühen sich sichtlich um ein gutes Einvernehmen mit den albanischen Parteien und grenzen sich von den proserbischen Gorani ab. Dazu gehört auch, dass sie im Gegensatz zur GIG behaupten, dass es heute keine Sicherheitsprobleme mehr gäbe. Während die Koalicija Vakat versucht die Leute im Land zu halten, stellte die GIG lange Zeit Bestätigungen für AsylwerberInnen aus, die ein politisches Engagement und damit eine politische Verfolgung nachweisen sollen.

Wie schon bei den Wahlen zuvor, stellte die *Koalicija Vakat* auch bei den letzten Gemeinderatswahlen für die kosovarische Gemeinde Dragaš die stärkste goranische Partei dar. Die *Koalicija Vakat* hält derzeit drei Sitze im Gemeinderat, GIG und SDA jeweils nur ein Mandat.

---

76 Interview mit Alija Abdi, Dragaš, 15. August 2006.

77 Interview mit Sabidin Cufta, Dragaš, 15. August 2006.

78 Interview mit Ćasip Kuši, Dragaš, 24. April 2013.

Seit 2009 setzt sich der Gemeinderat wie folgt zusammen:

| Partei | Ethnischer Hintergrund | % bei Wahl 2009 | Mandate |
|---|---|---|---|
| Demokratische Liga des Kosovo (LDK) | albanisch | 33% | 9 |
| Demokratische Partei des Kosovo (PDK) | albanisch | 33% | 9 |
| Koalicija Vakat (VAKAT)/Vatan | goranisch | 11% | 3 |
| Allianz für die Zukunft des Kosovo (AAK) | albanisch | 7% | 2 |
| Allianz neues Kosovo (AKR) | albanisch | 4% | 1 |
| Demokratische Liga von Dardanien | albanisch | 4% | 1 |
| Građanska Inicijativa Gore (GIG) | goranisch | 4% | 1 |
| Stranka demokratske akcije (SDA) | goranisch | 4% | 1 |

2009 kandidierte die linksnationalistische albanische Partei *Vetëvendosje!* (Selbstbestimmung!) noch nicht. Angesichts der unter der albanischen Jugend sehr beliebten Partei unter der Führung des charismatischen ehemaligen Studentenführers Albin Kurti und ihrem nationalen Wahlerfolg von 2010/2011[79] dürfte diese Gruppierung, deren Nationalismus sich eher gegen Serbien und die internationale Präsenz im Kosovo, denn gegen die nichtserbischen Minderheiten richtet, in Zukunft auch in der Gemeinde Dragaš eine gewisse Rolle spielen. Die Gruppierung hat bereits an der Hauptstraße ein gut sichtbares Büro eröffnet,

79 Vetëvendosje! erreichte trotz vermuteter Wahlmanipulationen zu ihren Ungunsten auf Anhieb 12,69% und 14 Mandate im kosovarischen Parlament. Die Liste wurde damit bei ihrem ersten Antreten zur drittstärksten Partei nach der PDK und LDK.

wird allerdings wohl erst bei den nächsten Wahlen im Gemeinderat vertreten sein. Unabhängig von möglichen Verschiebungen unter den albanischen Parteien, wird sich am goranisch-albanischen Kräfteverhältnis wohl kaum etwas zugunsten der Gorani ändern.

Alle goranischen Parteien zusammen haben damit weniger Mandatare als die beiden stärksten albanischen Parteien einzeln für sich. Fünf goranischen Gemeinderäten stehen 22 Gemeinderäte albanischer Parteien gegenüber. Politisch bedeutet dies eindeutig eine Marginalisierung der Gorani bzw. der ehemaligen Gemeinde Gora innerhalb der 1999 zusammen gelegten Gemeinde Dragaš. Das bedeutet auch, dass die goranischen Parteien – selbst wenn diese gemeinsam agieren würden – keine Chance hätten politische Entscheidungen ohne zumindest eine der beiden großen albanischen Parteien durchzusetzen. Umso verständlicher ist deshalb die von allen goranischen Parteien geforderte Wiedererrichtung einer eigenen Gemeinde Gora.

Von *Vetëvendosje!* als ethnische Teilung des Kosovo kritisiert, würde die sogenannte Dezentralisierung ethnischen Minderheiten grundsätzlich weitgehende Autonomierechte auf Gemeindeebene zugestehen. Ethnische Minderheiten – so die Idee hinter der im Ahtisaari Plan festgeschriebenen Dezentralisierung[80] – sollen die Möglichkeit bekommen eigene Gemeinden zu bilden und somit zumindest auf Gemeindeebene eine gewisse Autonomie erhalten. Bisher profitierten davon allerdings lediglich die serbische und die türkische Minderheit, die über starke ‚Schutzmächte' verfügen. Bis heute wurden ausschließlich neue serbische Gemeinden und 2008 mit *Mamuşa* (alb.: Mamusha) eine türkische Gemeinde gegründet. Minderheiten ohne einflußreiche Schutzmächte, wie die Gorani, wurden mit ihren Wünschen von den kosovarischen Behörden übergangen und von der UNMIK weitgehend ignoriert. Eine eigene Gemeinde Gora scheint damit trotz der von allen politischen Parteien der Gorani geäußerten diesbezüglichen Forderungen weiterhin nicht auf der Tagesordnung zu stehen.

80 Der Ahtisaari-Plan sollte 2007 den zukünftigen Status des Kosovo vorbereiten und schlug in Annex III die Dezentralisierung und Schaffung von Minderheitengemeinden vor. Die konkret erwähnten Gemeinden sind jedoch alles serbische Gemeinden. Von einer Gemeinde Gora ist darin nicht die Rede.

Auf nationaler Ebene unterscheiden sich die Positionen zwischen den beiden größten goranischen Parteien neben der Frage der ethnischen Identität der Gorani v.a. in der Frage der Nähe zu Belgrad oder Prishtina und in der Folge auch in der Frage des Verhältnisses zur unilateralen Unabhängigkeitserklärung des Kosovo von 2008.

Im Gegensatz zur *Koalicija Vakat* bleibt die GIG der Unabhängigkeit des Kosovo gegenüber skeptisch. Murselj Halili, Präsident und einziger Abgeordneter der *Građanska Inicijativa Gore* (GIG), erklärte seine Position zur Unabhängigkeit des Kosovo kurz nach der unilateralen Unabhängigkeitserklärung des Landes folgendermaßen:

*„Unsere Position vor der Unabhängigkeit war, dass sich Belgrad und Prishtina in einem Vertrag einigen sollten, der auch für unsere Minderheit in Ordnung ist. Nach dem 17. Februar hat sich die Situation aber geändert. Wir hätten am liebsten gehabt, wenn sich Belgrad und Prishtina geeinigt hätten. Unilaterale Schritte waren für uns inakzeptabel. Wir haben deshalb auch nicht die Unabhängigkeitserklärung mitunterzeichnet. Jetzt ist die Unabhängigkeit aber beschlossen und wir arbeiten nun eben im Rahmen eines unabhängigen Kosovo für die Rechte der Gorani.“*[81]

Die Forderungen der GIG für die Minderheit hätten sich damit allerdings nicht geändert. Die Partei fordert seit ihrer Gründung einen speziellen Status mit einer Lokalautonomie im von Gorani bewohnten Teil der Großgemeinde Dragaš und bezieht sich dabei positiv auf die Erfahrungen unter jugoslawischer/serbischer Herrschaft. Halili argumentiert:

*„Bis 1999 hatten wir diese autonome Lokalverwaltung bereits. Ich weiß nicht, durch welchen Akt diese beendet wurde und wir verlangen von der UNMIK und der kosovarischen Regierung, dass wir diese lokale Selbstverwaltung wieder bekommen. Obwohl wir das seit Jahren fordern, gibt es weder von der UNMIK noch von der kosovarischen Regierung eine Antwort darauf. Wir haben bis jetzt keine eigene Gemeindeverwaltung. Kosovo hatte früher 30 Kommunen gehabt und jetzt 38 aber unsere Gemeinde Gora ist immer noch nicht wieder hergestellt worden. Unsere Forderungen werden bis heute ignoriert.“*[82]

---

81 Interview mit Murselj Halili, Prishtina, 27. März 2008.

82 Ebenda.

Die Entfremdung dieses Teils der Gorani vom neuen Staat wurde durch die unilaterale Unabhängigkeitserklärung des Kosovo noch verschärft. So partizipierte eine goranische Liste unter dem Namen GIG – die jedoch nicht identisch mit der im kosovarischen Parlament sitzenden GIG ist – als einzige nichtserbische Partei an den Wahlen für das serbische Gegenparlament, die ‚Gemeinschaft der Gemeinden der Autonomen Provinz Kosovo und Metochien', wo sie mit einem Sitz vertreten ist.[83]

Aus der Sicht Belgrads hat die Gemeinde Dragaš nie aufgehört zu existieren. Und so existiert neben den im Rahmen der kosovarischen Institutionen tätigen Parteien auch noch eine serbische Parallelstruktur in Form einer eigenen, nur von Serbien anerkannten Opština Gora[84]. Der Bürgermeister dieser Opština Gora, Murselj Huseini, erklärte im Zusammenhang mit den Verhandlungen über eine Autonomie für die serbischen Gemeinden im innerhalb des Kosovo im Frühjahr 2013, dass seine Opština Gora in Zukunft Teil eines solchen serbischen Autonomiegebietes sein wolle. Als Begründung führte er u.a. an, dass 900 Kinder in Gora derzeit nach dem serbischen Curriculum unterrichtet würden.[85]

Die Schule ist tatsächlich jener Bereich, in dem der Einfluss der serbischen Parallelstrukturen am deutlichsten zu spüren ist. Neben den Kindern, die in den verschiedenen Volksschulen nach dem serbischen Curriculum unterrichtet werden, wird in Mlike auch noch eine weiterführende Schule in Form eines Gymnasiums betrieben, das laut OSCE von rund 160 SchülerInnen besucht wird und in dem etwa 20 LehrerInnen unterrichten.[86]

Außerhalb der Schulbildung ist von der Opština Gora vor Ort nichts zu sehen und selbst die Gemeindeverwaltung ist eigentlich nicht zu finden. Das Rathaus in Dragaš, die Polizei und damit auch die öffentliche

---

83 Na Vidovdan Srpska skupština na Kosmetu, 15.5.2008 unter http://www.vesti.rs/Politika/Na-Vidovdan-Srpska-skupstina-na-Kosmetu.html, 10. 3. 2011

84 Dérens / Geslin, 2010: 114.

85 Gorani want to join community of Serb municipalities, 8.3.2013 unter http://www.b92.net/eng/news/politics-article.php?yyyy=2013&mm=03&dd=08&nav_id=85060, 10.3.2013.

86 http://www.osce.org/kosovo/13114, 10.6.2013.

Gewalt, ist in den Händen der kosovarischen Behörden. Das bedeutet aber eben nicht, dass die Opština Gora nicht existieren würde bzw. keine Funktionen ausüben würde. Neben den nach serbischem Curriculum unterrichtenden Schulklassen werden über die Opština Gora serbische Pensionen an ehemalige Angestellte jugoslawischer Betriebe und ehemalige Beamte ebenso ausbezahlt, wie diverse Sozialbeihilfen und Unterstützungszahlungen. All diese Gelder werden in serbischen Dinar über das serbische Postamt ausbezahlt.[87]

In einer wirtschaftlich desolaten Region ohne Arbeitsplätze sind diese Zahlungen aus Belgrad existenziell. Belgrad sichert sich damit allerdings auch den politischen Einfluss in der Region. Gorani, die der SDA oder der Koalicija Vakat nahestehen, kritisieren diese finanziellen Förderungen Belgrads als politische Einflussnahme. Der Intellektuelle und Politiker Sadik Idrizi Aljabak wirft Belgrad mit vor damit gezielt den Kosovo destabilisieren und die Gorani zu einer Art fünften Kolonne machen zu wollen. Während er Belgrad und die von Belgrad abhängigen Funktionäre jedoch scharf kritisiert, hat er ein gewisses Verständnis für jene Gorani, die die Zahlungen aus Belgrad entgegen nehmen:

*„Hier gibt es keinerlei Arbeitsplätze und Investitionen. Die Regierung in Prishtina zahlt viel weniger als die Regierung in Belgrad. Ich kann den Leuten kaum sagen, dass sie auf ihre Pensionen und Beihilfen aus Belgrad verzichten sollen, wenn sie dieses Geld dringend brauchen und keine Alternative dazu sehen."*[88]

In diesem Punkt unterscheidet sich die Analyse von Sadik Idrizi Aljabak kaum von jener der SDA oder der *Socijaldemokratska Stranka Gore*, deren Gründer Nasuf Brenoli ebenfalls Verständnis für jene Gorani zeigt, die über keine anderen Einnahmequellen verfügen:

*„Selbstverständlich ist es ein Problem, dass Belgrad damit versucht politischen Einfluss zu sichern. Aber was sollen die Leute denn tun, wenn es hier keine Arbeitsplätze gibt? Hier hat man entweder die Wahl es sich mit*

---

87 Dérens / Geslin, 2010: 112.

88 Interview mit Sadik Idrizi Aljabak, Kruševo, 17. August 2012.

*den Parteien aus Prishtina oder mit Belgrad gut zu stellen. Sonst kommt man kaum über die Runden.*"[89]

Selbst die als relativ pro-serbisch geltenden *Građanska Inicijativa Gore* (GIG), sieht die finanzielle Verbindung nach Belgrad als Abhängigkeitsverhältnis und nicht als Zeichen politischer Nähe. Ihr Abgeordneter in Prishtina, Murselj Halili, wehrt sich ebenso vehement gegen den Vorwurf proserbisch zu sein, wie er jene verteidigt, die mit Belgrad zusammenarbeiten:

„*Was sollen wir denn machen, wenn wir von Prishtina keine Unterstützung bekommen? Wir haben uns immer an den Wahlen für das kosovarische Parlament beteiligt und haben nie die kosovarischen politischen Strukturen boykottiert. Aber wir müssen unsere eigene Schulbildung irgendwie finanzieren und die Leute in Gora müssen von irgend etwas leben. Wenn das nur mit dem Geld aus Belgrad möglich ist, dann können wir das den Leuten nicht verbieten.*"[90]

Trotz unterschiedlichster Perspektiven in Bezug auf die goranische Identität und ihre jeweilige Nähe zu Prishtina, Belgrad oder Sarajewo, sind sich somit alle goranischen politischen Akteure darin einige, dass die Ursachen für die Akzeptanz der serbischen Parallelstrukturen durch die Gorani im Kosovo weniger in einer Liebe zu Serbien, als in der Abhängigkeit von den finanziellen Unterstützungen aus Belgrad liegen. Als die serbische Regierung im Frühling 2009 Wahlen für ihre Parallelinstitutionen durchführen ließ, wurde mit Abdi Aliju eine umstrittene Persönlichkeit zum Bürgermeister der der Opština Gora gewählt. Aliju wurde von politischen Gegnern vorgeworfen die Zahlungen aus Belgrad dazu zu benutzen, goranische WählerInnen unter Druck zu setzen, sich nicht an kosovarischen Wahlen zu beteiligen. Am 6. November 2010 wurde Aliju deshalb sogar kurzfristig von der kosovarischen Polizei verhaftet.[91]

Die kosovarisch-serbischen Parallelstrukturen führen in vielen Gemeinden zur bizarren Situation, dass einerseits alle Schulen überhaupt an extremem SchülerInnenmangel leiden, zugleich aber im gleichen

89 Interview mit Nasuf Brenoli, Kruševo, 17. August 2012.

90 Interview mit Murselj Halili, Prishtina, 15. Juni 2012.

91 Dérens / Geslin, 2010: 114.

Schulgebäude sowohl ‚serbische' als auch ‚kosovarische' Klassen unterrichtet werden.

Tatsächlich werden deutlich mehr goranische Kinder nach dem serbischen Stundenplan unterrichtet als nach dem kosovarischen. Dies hat allerdings nicht nur mit einem Naheverhältnis zu Serbien zu tun, sondern vielfach praktische Ursachen. LehrerInnen, die von Belgrad bezahlt werden verdienen € 500,- im Monat, während LehrerInnen, die von Prishtina bezahlt werden mit € 340,- auskommen müssen. Kinder, die nach dem serbischen Curriculum unterrichtet werden, erhalten Familienbeihilfen und andere Förderungen aus Belgrad, die Kinder in den kosovarischen Klassen nicht erhalten. Angesichts der ökonomischen Notlage vieler GoranerInnen ist es deshalb nicht erstaunlich, dass sich die Mehrheit entscheidet ihre Kinder in serbische Klassen zu schicken.

Neben der Opština Gora vor Ort gibt es außerdem noch einige exilgoranische Politiker in Belgrad, die in der Region kaum verankert sind, allerdings in der Vergangenheit immer wieder von Belgrad als Sprecher der GoranerInnen verwendet wurden. Der bekannteste dieser Politiker ist mit Sicherheit Orhan Dragaš.

Orhan Dragaš ist allerdings kein Parteigänger des ehemaligen serbischen Präsidenten Milosevic, sondern war lange Zeit Mitglied der von Vuk Draskovic geführten Serbischen Erneuerungsbewegung SPO und gründete 2006 als eigene goranische Partei die *Građanske inicijative Goranaca*, die sich ebenso wie die Građanska Inicijativa Gore als GIG abkürzt, jedoch eben nicht mit dieser verwechselt werden sollte. Der zum orthodoxen Christentum konvertierte Orhan Dragaš verfügt zwar in Gora selbst nur noch über begrenzten Einfluss, ist allerdings als Bindeglied zu Belgrad, das durchaus auch über finanzielle Mittel aus Belgrad verfügt, durchaus noch relevant. Ein Graffiti beim zentral gelegenen Busplatz von Dragaš, deutet darauf hin, dass es jedenfalls noch Anhänger von Orhan Dragaš in der Stadt gibt. Seine Hauptbasis hat die *Građanske inicijative Goranaca* allerdings unter jenen Gorani, die nach dem Krieg 1999 (oder auch schon zuvor) nach Serbien ausgewandert sind. Bei den serbischen Parlamentswahlen, bei denen Orhan Dragaš mit der *Građanske inicijative Goranaca* antrat, erreichte die Liste 5127 Stimmen und verfehlte damit ein Mandat. Bei den Wahlen 2012 rief sie zur Wahl der Arbeiter- und Bauernbewegung (Покрет радника и сељака) auf, die 1,46% und damit kein Mandat erreichte. Orhan Dragaš selbst ist zwar in Serbien durchaus eine bekannte Persönlichkeit. Allerdings ist der aufgrund von Waffengeschäften zwischen Serbien und Liberia auf einer Reiseverbotsliste der UN stehende[92] Politiker international weitgehend isoliert und kann somit allenfalls innerhalb Serbiens als goranische Stimme fungieren.

Insgesamt hat der Einfluss Serbiens in Gora seit 1999 allerdings mit Sicherheit abgenommen. Der Mangel an ökonomischen Möglichkeiten führt jedoch immer noch zu einer Abhängigkeit von finanziellen Zuwendungen, von denen einige auch weiterhin aus Belgrad stammen. Zugleich führt die Verweigerung der Anerkennung einer eigenen Gemeinde Gora durch den Kosovo – im Gegensatz zur serbischen Anerkennung einer eigenen Gemeinde – zu einer anhaltenden Entfremdung von Teilen der goranischen Bevölkerung vom politischen System des neuen Staates. Der zukünftige Einfluss Serbiens in der Region wird also nicht zuletzt vom Umgang des Kosovo mit den Gorani und ihren politischen Forderungen, sowie von der ökonomischen Entwicklung der Region abhängen.

92 http://www.un.org/sc/committees/1521/pdf/1521_travel_ban_list.pdf, abgerufen am 10.5.2013.

## Gorani in Albanien

In Albanien leben Gorani in insgesamt neun bis zehn Dörfern in der Grenzregion anschließend an das goranische Siedlungsgebiet im Kosovo. Die Dörfer bildeten auch nach der Gründung Albaniens 1912 und der serbischen Eroberung des Kosovo 1913 weiterhin eine administrative Einheit. Erst nach der Aufteilung des alten osmanischen Verwaltungsbezirkes, der Nahija e Gorës im Zuge der endgültigen Festlegung der albanischen Grenzen im Jahr 1923 wurden das goranische Siedlungsgebiet endgültig durch die neuen Staatsgrenzen zerschnitten.[93] Auf der albanischen Seite wurde zunächst eine Großgemeinde mit Sitz in Šištevec geschaffen, die allerdings nicht nur goranische, sondern auch einige albanischsprachige Dörfer umfasste. Ab 1958 wurde diese durch mehrere Verwaltungsreformen mehrfach geteilt. Heute sind die goranischen Dörfer auf zwei Gemeindegebiete, nämlich Šištevec und Zapod aufgeteilt.[94]

Die Grenze zwischen Albanien und Jugoslawien blieb auch während der ersten Hälfte des 20. Jahrhunderts weitgehend durchlässig. Erst mit dem Bruch zwischen Tito und Enver Hoxha 1948 wurde die Grenze hermetisch abgeriegelt und damit auch jeglicher Kontakt zwischen den Gorani in Albanien und jenen in Jugoslawien unterbunden. Die albanische Grenze bildete mit ihren Tausenden Bunkern und Befestigungsanlagen eine der hermetischsten Grenzen der Welt. In der gesamten goranischen Region gab es keinen einzigen legalen Grenzübergang. Auslandsreisen waren für Albaner mit wenigen Ausnahmen ohnehin untersagt und auch die Zahl ausländischer BesucherInnen in Albanien beschränkte sich auf wenige geführte Reisegruppen. Ein Kontakt zwischen den goranischen Dörfern im Kosovo und jenen in Albanien war damit verunmöglicht.

Die nördlichen goranischen Dörfer in Albanien liegen in einer Fortsetzung des gleichen Tales, in dem auf kosovarischer Seite Rap-a und Krstac liegen. Insgesamt sind folgende neun Dörfer ausschließlich von Gorani bewohnt: Zapot (albanisch Zapod), Pakišta (alb. Pakisht), Očikle (alb. Orçikël), Košarište (alb. Kosharisht), Orgosta (alb. Orgjost), Crno-

93 Dokle, Elmaz, 2010: S. 12.

94 Ebenda: S. 26f.

levo (alb. Cernalevë), Orešek (alb. Orshekë), Borje (alb. Borje) und Šištevec (alb. Shistavec). Das nahe bei Šištevec gelegene Novo Selo (alb. Novosej), das auch in seiner albanischen Variante seine slawischen Wurzeln nicht verleugnen kann, wird nicht von Gorani, sondern von AlbanerInnen bewohnt. Die Gorani von Šištevec deuten diesen Umstand heute so, dass dieses „Neue Dorf", wie der Name wörtlich übersetzt werden könnte, von späteren albanischsprachigen ZuwanderInnen gegründet wurde und deshalb von den dort bereits ansässigen Gorani so bezeichnet wurde. Das Dorf Belje (alb. Belë) ist als einziges Dorf überwiegend von AlbanerInnen und nur sehr wenigen Gorani besiedelt, wobei nicht ganz geklärt ist, ob es sich bei den albanischen EinwohnerInnen um albanisierte Gorani handelt oder ob das kleine Dorf sowohl von AlbanerInnen als auch von Gorani besiedelt wurde. Es handelt sich dabei jedenfalls um jenes Dorf, das am Eingang des Tales liegt, und damit am nächsten bei der albanischen Stadt Kukës. Nur Borje und Šištevec sind größere Ortschaften mit einer gewissen Infrastruktur. Hier gibt es kleine Geschäfte und zumindest ein Kaffeehaus. Wie im gesamten ländlichen Albanien ist allerdings auch hier ein Niedergang der staatlichen Infrastruktur zu beobachten. Der albanische Staat ist in allen Dörfern heute nur noch durch die Schule und in den größeren Siedlungen durch ein Postamt vertreten. Es gibt keine Polizeistationen und die Grenze zum Kosovo ist weitgehend unbewacht.

Im Gegensatz zu den Gorani im Kosovo besitzen die albanischen Gorani keinerlei staatlich anerkannte Minderheitenrechte. Ihre Sprache ist weder Amts- noch Unterrichtssprache. Es gibt kein goranisches Radio- oder Fernsehprogramm, geschweige denn zweisprachige Ortstafeln oder Aufschriften auf offiziellen Gebäuden. Der aus Borje stammende und in der Regionalhauptstadt Kukës lebende goranische Sprachwissenschaftler und Intellektuelle Nazif Dokle, der 2007 das erste goranische Wörterbuch herausbrachte, spricht in Bezug auf den Umgang mit dem Goranischen durch die albanischen Behörden von einem *„systematischen Versuch die goranische Sprache auszulöschen"*[95] und der bereits in den 1920er-Jahren mit der Errichtung einsprachiger albanischer Schulen begonnen habe:

95 Interview mit Nazif Dokle, Kukës, 25. April 2013.

*„Nirgends im ländlichen Albanien wurden damals so viele Schulen errichtet, wie in Gora. In einem Report des Unterrichtsministeriums wurde damals offen davon gesprochen, dass hier Lehrer benötigt würden, um unsere Sprache auszurotten."*[96]

Dokle, der selbst bis zu seiner Pensionierung im regionalen Landesschulrat gearbeitet hatte, hat sich immer wieder für die Errichtung eines zweisprachigen Schulwesens eingesetzt, blieb damit aber erfolglos. Heute resümiert er resigniert: *„Man kann hier jede Sprache sprechen, wenn es sein muss sogar Chinesisch, nur nicht Goranisch."*[97]

Nazif Dokle sieht deshalb die Sprache als gefährdet an. Zwar wird sie in den Dörfern selbst auch an die jüngere Generation weiter gegeben. Allerdings lernen die Kinder jener Familien, die aus ökonomischen Gründen nach Tirana oder Kukës gezogen sind, die Muttersprache immer seltener. Die geringe Wertschätzung der Sprache in der Öffentlichkeit führt zu einem defizitorientierten Umgang mit der Sprache. Sogar unter den Gorani selbst gibt es viele, die ihre Sprache nicht als vollwertige Sprache, sondern nur als ‚Jargon' betrachten, der sich durch den Kontakt mit Slawen hier festgesetzt habe. Im urbanen Bereich und in gemischten Ehen wird oft der Sprachwechsel zum Albanischen vollzogen.

Die goranischen Dörfer sind – wie auch viele albanischsprachige Dörfer im ländlichen Nordalbanien – ökonomisch desolat und nur sehr schwer erreichbar. Es gibt keine einzige geteerte Straße in die Region. Die Fahrwege sind in einem so schlechten Zustand, dass sie nur von Allradfahrzeugen oder Kleinbussen mit besonders hohem Fahrgestell befahrbar sind. Zwar wird schon einige Zeit an einer neuen geteerten Straße von Kukës aus gebaut, allerdings ist die Fertigstellung derselben noch nicht in Sichtweite. Die meisten BewohnerInnen der Dörfer haben keinerlei motorisierte Fahrzeuge und gehen die meisten ihrer Wege zu Fuß. Lediglich ein einziges Mal am Tag fährt ein solcher Kleinbus mit hohem Fahrgestell als öffentliches Verkehrsmittel von der Stadt Kukës nach Šištevec, wobei dieser auf dem Weg auch die meisten anderen Dörfer anfährt. Im Winter sind die Dörfer oft über Monate hinweg völlig

96 Ebenda.
97 Ebenda.

von der Außenwelt abgeschlossen. In harten Wintern ist das Gebiet über fünf Monate hinweg nicht motorisiert erreichbar. In Notfällen müssen Hubschrauber eingesetzt werden.

Auch auf der albanischen Seite der Grenze unterscheiden sich die Dörfer teilweise stark voneinander. Während in den 1990er-Jahren ein großer Teil der BewohnerInnen von Šištevec nach Großbritannien emigriert ist und heute – ähnlich wie in vielen goranischen Dörfern des Kosovo – nur noch im Sommer zurückkehrt, kam es aus Borje eher zu einer Binnenmigration. Bei wiederum anderen Dörfern, wie Crnolevo kam es nur in Einzelfällen zur Migration. Jene Dörfer, die kaum MigrantInnen zu verzeichnen haben, gelten heute als die ärmsten Dörfer in der Region. Sie besitzen noch die traditionellste Bausubstanz, was jedoch nicht als kultureller Reichtum begriffen wird, sondern von den BewohnerInnen der Nachbardörfer lediglich als Zeichen der Armut und des Elends gedeutet wird. Im Vergleich zum Kosovo halten sich allerdings auch in Šištevec die Neubauten und Investitionen sehr in Grenzen. Allenfalls wurden hier Steindächer und Ziegeldächer ersetzt. Die im Kosovo verbreiteten Ziegelhäuser sind in sämtlichen goranischen Dörfern auf der albanischen Seite der Grenze kaum vorhanden. Die Dörfer variieren auch stark in ihrer Größe. Während die kleineren Dörfer oft nur aus wenigen Häusern bestehen, haben Borje und Šištevec jeweils über 1,000 EinwohnerInnen.

Für Šištevec brachte die Migration nach England sowohl positive als auch negative Entwicklungen mit sich. Einerseits leben heute fast alle zurückgebliebenen Familien auch von den Überweisungen ihrer Familienmitglieder aus dem Ausland. Andererseits ist das Dorf außerhalb der Sommermonate ganz überwiegend nur noch von den Alten bewohnt, solange sie irgendwie körperlich in der Lage sind, ihre Subsistenzlandwirtschaften zu betreiben. Familien werden dabei oft auch über mehrere Jahre zerrissen.

Der sechzigjährige Ismail Hoxha hat seine beiden Söhne schon seit acht Jahren nicht mehr gesehen. Da beide Söhne als Flüchtlinge nach Großbritannien gekommen sind, können sie bis zum Erhalt der britischen Staatsbürgerschaft nicht mehr in ihr Herkunftsland reisen, ohne ihren Flüchtlingsstatus zu verlieren. Von ihren beiden in England geborenen

Enkeln wissen Ismail und seine Frau Isma Hoxha zwar, gesehen haben sie die beiden noch nie. In einem der Dorfcafes sitzend berichtet der mit seiner Frau allein im Dorf zurückgebliebene alte Mann: *„Ich vermisse meine Kinder und Enkelkinder. Es ist schon sehr traurig, wenn man miterleben muss, wie sich das Dorf langsam aber sicher leert.“*[98] Wie die anderen Männer und Frauen seiner Generation hat Ismail Hoxha noch ein völlig anderes politisches und wirtschaftliches System in Erinnerung, das er rückblickend sehr differenziert beurteilt. So sehr er das Ende des stalinistischen Regimes und die damit neu gewonnen Freiheiten begrüßt, so sehr trauert er den Zeiten nach *„in denen wir noch Arbeit hatten und in denen es noch einen Zusammenhalt im Dorf gegeben hat.“*[99] Sein Vater, Süleyman Hoxha hatte noch als Partisan mit der Waffe in der Hand gegen den italienischen Faschismus und die deutschen (und österreichischen) Nazis gekämpft, die Albanien zwischen 1939 und 1944 besetzt hielten. Er war einer von siebzehn Aktivisten aus Šištevec, die sich den kommunistisch dominierten Partisanen angeschlossen hatten. Zwei Dorfbewohner vielen im Kampf gegen den Faschismus.

Wie Ismail Hoxha schauen viele ältere BewohnerInnen des Dorfes mit einer gewissen Wehmut auf die Vergangenheit zurück. Damals, so hört man immer wieder, hätte es Arbeit und Sicherheit gegeben. Zwar will kaum jemand in ein totalitäres System zurück. Dass sich mit dem Ende des extrem rigiden stalinistisch-autarken Systems Enver Hoxhas der Staat völlig aus der Region zurückzog und diese neoliberalen Geschäftemachern und der Organisierten Kriminalität – die meist eng miteinander verbunden oder identisch waren – überließ, bedauern hier allerdings fast alle älteren DorfbewohnerInnen.

Der sechsundsiebzig Jahre alte Hassan Haxhiju trauert vor allem der guten Schulbildung nach. *„Früher war die Schule und die Universität gratis. Jeder konnte zur Schule gehen, egal aus welcher Familie man kam. Und niemand musste die Lehrer bestechen. Heute müssen ständig die Lehrer bestochen werden, wenn man gute Noten will.“*[100]

---

98 Interview mit Ismail Hoxha, Šištevec, 7. August 2012.

99 Ebenda.

100 Interview mit Hassan Haxhiju, Šištevec, 8. August 2012.

Zwar hält auch er fest, dass er die Reisefreiheit gut fände, ansonsten lässt er an den neuen Zeiten kein gutes Haar. Damals hätten sie alle kollektiv gearbeitet und nach der Arbeit gemeinsam gesungen und musiziert. Heute würden alle nur noch für ihre eigene Tasche arbeiten. Vor allem geht ihm aber die Sicherheit ab.

Überhaupt ist die Sicherheitsthematik bei Gesprächen im Dorf allgegenwärtig. In Šištevec herrscht eine tiefe Verunsicherung, wie mit der grassierenden Organisierten Kriminalität in der Region umzugehen wäre. Seit der Schließung der Polizeistation im Ort ist die nächste Polizeistation im mindestens zwei Stunden entfernten Kukës zu finden. Wenn hier jemand erschossen werde, würde die Polizei oft drei Stunden benötigen, bis sie am Tatort eintreffe. Im Dorf gehen Gerüchte über verschwundene Kinder um, die Organhändlern zum Opfer gefallen sein sollen. Die konkreten Hintergründe dieser Gerüchte sind schwer zu verifizieren. In offiziellen Kriminalstatistiken gibt es darauf keine Hinweise. Andererseits ist es durchaus möglich, dass in einem Land, von dem sogar ein Bericht des Europarates vom Dezember 2010 zum Schluss kam, dass eine Reihe von Indizien existieren würden, dass dort während des Kosovo-Krieges Gefangenen der UÇK Organe für Organhandel entnommen worden wären[101] auch heute noch Organhandel existiert. Dass einige Kinder in den Dörfern verschwunden sind, ist jedenfalls ebenso ein Faktum, wie die weitgehende Abwesenheit eines funktionierenden Staates. Die starke Präsenz Organisierter Kriminalität und die Dysfunktionalität des Staates ist allerdings nicht nur ein Problem für die Gorani, sondern in weiten Teilen des ländlichen Albaniens vorhanden. Auch in albanischsprachigen Dörfern kann man grundsätzlich ähnliche Klagen hören. Die von manchen – aber keineswegs allen – BewohnerInnen von Šištevec formulierten Beschuldigungen, „die Albaner" wären kriminell und würde ihre Sicherheit gefährden, sind in ihrer Pauschalität übertrieben allerdings neben dem Ausdruck wechselseitiger Ressentiments auch Ausdruck tief empfundener Verunsicherung. Zwar betonen vor allem ältere DorfbewohnerInnen immer wieder, dass sie mit den lokalen Albanern gut zusammenleben

101 http://assembly.coe.int/ASP/APFeaturesManager/defaultArtSiteView.asp?ID=964, abgerufen am 15.12. 2010

würden. Zugleich wird aber von den gleichen Personen auf die „albanische Mafia" als Sicherheitsrisiko verwiesen. Vor allem jüngere Dorfbewohner berichten auch darüber, dass sie in albanischen Dörfern oder Städten verprügelt würden, wenn sie als Slawen identifiziert würden. Vor allem nach dem Kosovo-Krieg dürften auch hier viele Gorani mit den Serben identifiziert worden sein. Allerdings gibt es dazu auch andere Stimmen im Dorf, die betonen, dass sich das Zusammenleben wieder verbessert habe und die die Freundschaft mit den lokalen AlbanerInnen beschwören. Festzuhalten gilt es jedenfalls, dass das subjektive Sicherheitsempfinden der Bevölkerung sehr prekär ist und teilweise – aber eben keinesfalls ausschließlich – mit ihrer Situation als Minderheit begründet wird.

Neben der Sicherheitsfrage stellt die wirtschaftliche Situation das große Thema in der Gemeinde dar. Von jenen, die nicht nach Großbritannien emigriert und in Šištevec geblieben sind, hat fast niemand eine reguläre Anstellung. Die meisten Familien leben von Subsistenzlandwirtschaft und gelegentlichen Überweisungen aus dem Ausland. Darin unterscheidet sich der Ort wenig von manchen albanischen Dörfern der Region, die in den 1990er-Jahren ebenfalls ökonomisch zusammengebrochen sind. Während sich in den letzten zehn Jahren die Wirtschaft in den größeren Städten teilweise erholt hat, ist das ländliche Albanien weiterhin der große Verlierer des Systemumbaus. Niemand investiert in entlegenen Dörfern des Landes. Ganze Regionen waren in den letzten zwanzig Jahren von einer massiven Abwanderung und dem weitgehenden Zusammenbruch lokaler Strukturen betroffen.

Viele Gorani aus Albanien sind mittlerweile auch als Tagelöhner für Gorani im Kosovo tätig. Sie arbeiten zu noch niedrigeren Löhnen als ihre Landsleute im Kosovo und werden v.a. von Gorani aus Westeuropa für den Bau ihrer Ferienhäuser eingesetzt. Dafür werden oft stundenlange Fußwege über die Berge in den Kosovo in Kauf genommen. Viele dieser Tagelöhner übernachten im Freien und versuchen sich jeden verdienten Euro für ihre Familien über der Grenze auf die Seite zu legen.

In Šištevec beklagen sich vor allem die Jungen über ihr Los. Während die Alten sich mit ihrer Subsistenzlandwirtschaft irgendwie über die

Runden bringen, ist dies für die jüngere Generation kaum eine Perspektive. Der eklatante Mangel an Arbeitsplätzen führt auch zu innerfamiliären Zerwürfnissen. Die Teenager des Dorfes beklagen sich darüber ohne jede Bezahlung in den Landwirtschaften ihrer Eltern arbeiten zu müssen. Auch Kinderarbeit geht unter diesen Bedingungen weit über das auch in Mitteleuropa in der Landwirtschaft übliche Maß hinaus.

Da die im Dorf zurückgebliebenen jeden Sommer den Kontrast zwischen ihrer eigenen Lebensweise und jener, die es nach England geschafft haben, demonstriert bekommen, gibt es kaum jemanden unter den Jüngeren, der nicht von der Auswanderung träumt. Die verschärften Migrationsregime der EU-Staaten machen dies allerdings kaum mehr möglich. Einige BewohnerInnen des Dorfes haben es deshalb auch mit Asylanträgen versucht. Ihre Asylgründe wurden allerdings trotz der prekären Sicherheitslage vielfach nicht als asylrelevant gewertet oder sie wurden Opfer von Dublin II[102], also jener EU-Verordnung, wonach AsylwerberInnen nur in ihrem ersten Ankunftsstaat in der EU einen Asylantrag stellen dürfen.

Ein solches Dublin-Opfer ist der junge Mann Irivjer Pashaj, der heute noch mit dem T-Shirt seiner ehemaligen Schule im niederösterreichischen Klosterneuburg auf der Landwirtschaft seiner Familie arbeitet. Irivjer Pashaj hat für seine Jugend eine bewegte Lebensgeschichte hinter sich. Als Jugendlicher kam er nach Österreich und stellte dort einen Asylantrag. Den Behörden gelang es aber seine Einreise über Ungarn nachzuweisen und so wurde er nach einem halben Jahr nach Ungarn abgeschoben, ohne dass sein Asylantrag in Österreich geprüft worden wäre. Würde Irivjer Pashaj heute nach Österreich kommen, hätte er vielleicht mehr Glück. Im Juli 2012 setzte Österreich die Abschiebungen im Zusammenhang mit Dublin II nach Ungarn aus, nachdem der Verfassungsgerichtshof (VfGH) eine Entscheidung des Asylgerichtshofes gehoben hatte.[103] Ein wirklich funktionierendes Asylsystem hatte Ungarn allerdings auch vorher schon nicht und so wurde Irivjer Pashaj schließlich von Ungarn aus wieder nach Albanien abgeschoben. Am

---

102 Verordnung (EG) Nr. 343/2003

103 http://volksgruppen.orf.at/diversitaet/aktuell/stories/168065/, abgerufen am 15. Juli 2012.

liebsten würde er sofort wieder nach Österreich kommen. *„Die Österreicher haben nicht einmal meinen Asylantrag geprüft. Ich kann das einfach nicht verstehen!"*[104] formuliert er in einem Deutsch, das für einen halbjährigen Aufenthalt geradezu bemerkenswert ist, seine Frustration. Zu einer Prüfung des Asylantrags durch die österreichischen Behörden kam es in diesem Fall also gar nicht. Ob Irivjer Pashaj im Falle eines Asylverfahrens in Österreich Asyl erhalten hätte, lässt sich also nicht sagen.

Viele Gorani in Šištevec fühlen sich von der albanischen Regierung diskriminiert. Nicht nur, dass ihre Sprache keinerlei offiziellen Status besitzt und der Schulunterricht ausschließlich in Albanisch gehalten wird, wird einhellig beklagt. Auch der mangelnde Zugang zu Ressourcen und Infrastruktur für die Dörfer, vor allem aber die Tatsache, dass viele Gorani trotz vorhandener Qualifikationen keine Posten als Lehrer, Polizisten oder sonstige Positionen im Staatsdienst erhalten, sorgt für Kritik im Dorf.

Bei einer im Dorf durchgeführten Gruppendiskussion[105] zeigte sich zwar eine einhellige Kritik an dieser mangelnden Berücksichtigung bei Anstellungen im Staatsdienst, die auch mit konkreten Beispielen untermauert wurde, interessanterweise wurden die Gründe dafür aber völlig unterschiedlich interpretiert. Während ein Teil der insgesamt zehn Männer, die an der Diskussion teilnahmen, dieses Faktum als ethnische Diskriminierung als Minderheit interpretierte, sahen andere darin eine politisch motivierte Diskriminierung durch die regierende Demokratische Partei Albaniens, die ihre Hochburgen in Nordalbanien hat. Da die Gorani überwiegend sozialistisch wählen und mit Namik Dokle einen hochrangigen sozialistischen Politiker stellen, würden sie als SozialistInnen vom Staatsdienst ausgeschlossen. Beide Interpretationen wurden in der Gruppendiskussion leidenschaftlich diskutiert, stellen aber nur unterschiedliche Deutungen derselben Diskriminierungserfahrung dar.

---

104 Interview mit Irivjer Pashaj, Šištevec, 7. August 2012.

105 Gruppendiskussion mit zehn Männern in Šištevec, 7. August 2012. Leider gelang es nicht Frauen in diese Diskussion einzubinden, was einen männlichen Bias in dieser Diskussion mit sich bringt.

Der in Durrës geborene, aber aus Borje stammende, Namik Dokle ist der einzige Abgeordnete goranischer Herkunft im albanischen Parlament und damit auch der einzige hochrangige goranische Politiker Albaniens. Der studierte Agrarökonom und Journalist wurde nach der Wende 1992 zum ersten Mal als Abgeordneter in das albanische Parlament gewählt. Von 1992 bis 2000 war er Vertreter Albaniens bei der Parlamentarischen Versammlung des Europarates.

Regional haben aber auch andere Gorani immer wieder eine politische Rolle gespielt, und zwar sowohl in der Demokratischen als auch in der Sozialistischen Partei. So stellte bis zur letzten Wahl der aus Borje stammende Bilbil Keraj für die Demokratische Partei den stellvertretenden Bürgermeister der Kreisstadt Kukës. Mit dem aus Zapot stammenden Politikwissenschaftler Besart Matay leitet derzeit ein sehr aktiver junger Goraner die Jugendorganisation der Sozialistischen Partei des Kreises Kukës.

Dieser Einbeziehung in die beiden großen staatstragenden Parteien Albaniens steht allerdings eine geringe Präsenz goranischer Minderheitenrechte gegenüber. Keine der Parteien hat sich jemals für sprachliche, kulturelle oder gar politische Rechte der Minderheit starkgemacht und selbst goranische Politiker wie Namik Dokle verschweigen das Thema eher als sich offensiv für Sprach- und Minderheitenrechte für die GoranerInnen einzusetzen. Im Gegenteil, diese scheinen manchmal sogar besonders darauf bedacht zu sein, nicht in den Verdacht zu kommen als ‚unpatriotisch' zu gelten.

Als kleiner Balkanstaat, dem es 1912 erst sehr spät gelang einen Nationalstaat zu gründen, der dann kaum mehr als die Hälfte der albanischsprachigen Bevölkerung umfasste, sah sich Albanien immer wieder insbesondere von den slawischsprachigen Nachbarn bedroht. Das realsozialistische Regime Enver Hoxhas bildete bis zum Tod des Diktators 1985 nicht nur das letzte stalinistische Regime Europas, sondern propagierte auch einen albanischen Nationalismus, der sich insbesondere gegen die Slawen richtete, die schließlich das rivalisierende Jugoslawien beherrschten. Auch wenn sich die Situation nach dem Ende des realsozialistischen Regimes etwas entspannte und 1991 erstmals eine ethnokulturelle Gesellschaft der Gorani gegründet werden konnte,[106] blieben die slawischen Minderheiten Albaniens neben den Roma die am stärksten marginalisierten Minderheiten des Landes. Verschärft wurde der antislawische Nationalismus schließlich noch durch die Unterdrückung der Kosovoalbaner im Kosovo der 1990er-Jahre. Die eigenen slawischen Minderheiten innerhalb Albaniens stehen deshalb – auch wenn sie sich selbst in keinerlei Verbindung zu Serbien sehen – bis heute immer wieder im Verdacht der Illoyalität. Die Angst, dass Forderungen nach Sprach- und Minderheitenrechte als Separatismus ausgelegt werden könnten, scheint unter albanischen Gorani weit verbreitet zu sein und vielfach dazu zu führen, dass auch aus der Minderheit selbst nur wenige Intellektuelle es wagen entsprechende Forderungen zu formulieren.

Immerhin ist seit 1991 mit der von Nazif Dokle gegründeten Kulturgesellschaft *Gora* eine Vereinigung zur Pflege der goranischen Sprache und Kultur aktiv. Ihr Generalsekretär Nevruz Mehmeti, der als Lehrer in Borje lebt, erklärt als Ziel der Vereinigung nicht nur die Pflege der eigenen Kultur, sondern auch, dass seine Vereinigung *„der Welt zeigen möchte, dass wir unsere eigene Sprache, unsere eigene Kultur haben, die ein Teil der Regenbogenkultur Albaniens ist."*[107]

Nevruz Mehmeti und Nazif Dokle ist es wichtig, dass die goranische Kultur als Teil der kulturellen Vielfalt Albaniens geschätzt wird. Keiner von beiden sympathisiert mit irgendeiner Form des Separatismus, bis jetzt wurden nicht einmal Wünsche in Richtung einer politischen Autonomie laut. Ihr Kampf richtet sich ausschließlich gegen die autoritäre Assimilationspolitik. Die Kulturgesellschaft *Gora* ist deshalb nicht nur in den goranischen Dörfern aktiv, sondern auch in Kukës, wo auch ethnische AlbanerInnen Sprache und Kultur der Gorani kennen und schätzen lernen können. Angesichts des weitverbreiteten ethnischen Nationalismus in Albanien könnte es allerdings noch ein weiter Weg sein, bis sich die Idee einer wertschätzenden albanischen „Regenbogenkultur" zu der auch die slawischen Minderheiten Albaniens zählen, durchsetzen kann.

---

106 Ylli 2007: 196.
107 Interview mit Nevruz Mehmeti, Borje, 8. August 2012.

Abb. 53: Diese Straße ist der einzige Verbindungsweg von der albanischen Kreisstadt Kukës zu den goranischen Dörfern Albaniens. Im Winter sind diese völlig von der Außenwelt abgeschnitten. August 2012.

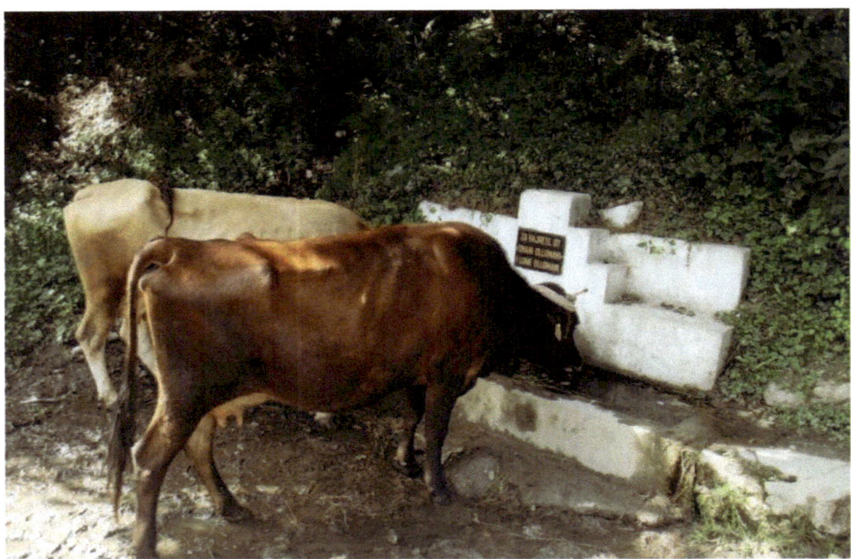

Abb. 54: Dieser Brunnen in der Nähe von Borje ist einer der wenigen Orte an dem es in Albanien Aufschriften in der Sprache der Gorani gibt. August 2012.

Abb. 55 u. 56: Borje ist der größte goranische Ort im albanischen Teil Goras. August 2012.

Abb. 57 u. 58: In Šištevec treffen Reste realsozialistischer Architektur auf einfachste Methoden einer subsistenzorientierten Landwirtschaft und teure Autos von Emigranten. August 2012.

Abb. 59: Während des Jahres leben diese jungen Gorani in England. Nur im Sommer kommen sie mit ihren Eltern zurück nach Šištevec. August 2012.

Abb. 60: Der aus Österreich abgeschobene ehemalige Asylwerber Irivjer Pasnaj trägt heute noch das T-Shirt seiner ehemaligen Schule, dem BG/BRG Klosterneuburg in Niederösterreich. Šištevec, August 2012.

Abb. 61 u. 62: Cnrolevo, eines der ärmsten und traditionellsten Dörfer in Gora, August 2012.

Abb. 63: Bauernhaus in Zapot, August 2012.

Abb. 64: Mentor, Doris und Ervin Mataj in Zapot, August 2012.

Abb. 65: Pakišta, August 2012.

Abb. 66: Picknick in Pakišta, August 2012.

Abb. 67: Košarište, August 2012.

Abb. 68: Orgosta, August 2012.

## Gorani in Mazedonien

In Mazedonien gibt es lediglich zwei Dörfer, die von Gorani bewohnt werden, und zwar Urvič und Jelovjane, die über einen Bergpass zu Fuß von Brod aus in etwa fünf Stunden erreichbar sind, aber mit dem Auto nur über große Umwege von den goranischen Gebieten im Kosovo aus angefahren werden können. Die beiden Dörfer liegen südwestlich der albanisch geprägten Stadt Tetovo in den Bergen in der Nähe der Grenze des Kosovo. Beide Dörfer sind durch zwei kurvige Stichstraßen von den überwiegend von AlbanerInnen besiedelten Ortschaft Bogovinjë aus erreichbar, zu deren Gemeindegebiet sie auch zählen. Zwischen den beiden Dörfern gibt es nur einen ungeteerten Fahrweg, der durch eine bewaldete Schlucht führt und der lediglich mit sehr geländegängigen Fahrzeugen befahren werden kann. Zu Fuß kann das jeweils andere Dorf über den Fahrweg allerdings in zwanzig Minuten erreicht werden. Durch die geographische Isolation der beiden Gebiete besteht heute kaum Kontakt zwischen den Gorani Mazedoniens und des Kosovo. Durch die Motorisierung verloren die alten Handelswege und Schäferrouten durch das Gebirge an Bedeutung. Allerdings kamen bis zum Zerfall Jugoslawiens immer noch Bauern aus Brod und Restelica über die Berge nach Tetovo auf den Markt. Urvič und Jelovjane standen über diese Form des Handels mit den goranischen Dörfern im Kosovo in Kontakt.

Mit der Unabhängigkeit Mazedoniens 1991 wurde allerdings eine neue Staatsgrenze zwischen die alten Handelswege über die Berge gezogen und an den jahrhundertealten Fußwegen wurden keine Grenzübergänge errichtet. Wer also von Brod oder Restelica legal nach Tetovo auf den Markt wollte, musste mit von nun an mit dem Auto einen rund 100 km langen Umweg über den nächsten Grenzübergang bei Jažince fahren und der illegale Grenzübertritt wurde spätestens mit Beginn des militärischen Konflikts zwischen jugoslawischer Armee und der UÇK im Kosovo verunmöglicht. Urvič und Jelovjane wurden damit von den anderen Siedlungsgebieten der Gorani abgeschnitten. Sowohl die Gorani im Kosovo, also auch die Gorani in Mazedonien berichten einhellig, dass seit dem Ende Jugoslawiens kaum mehr Kontakte miteinander bestehen.

Politisch ist die Situation der kleinen goranischen Minderheit Mazedoniens prekär. Im Gegensatz zum Kosovo werden sie in Mazedonien nicht als eigenständige Minderheit anerkannt. Die letzte Volkszählung von 2002 kannte lediglich die ethnischen Kategorien Mazedonier, Albaner, Türken, Roma, Vlachen, Serben, Bosniaken und Andere. Die meisten BewohnerInnen von Urvič und Jelovjane ließen sich deshalb als „Türken" registrieren, obwohl keinerlei oder nur höchst rudimentäre Türkischkenntnisse vorhanden sind und sich niemand real als „Türke" fühlt. Bei der letzten Volkszählung von 2002 gaben 1.183 BürgerInnen der Gemeinde Bogovinjë an „Türken" zu sein, was in der gesamten Gemeinde einem Anteil von 4.1% entspricht[108]. Der überwiegende Großteil dieser Personen, sowie ein Großteil der 148 „anderen" dürfte auf die Gorani in Urvič und Jelovjane fallen. Interessant ist in diesem Zusammenhang, dass sich 2002 lediglich neun EinwohnerInnen der Gemeinde Bogovinjë als Bosniaken registrieren ließen.[109] Im Gegensatz zum Kosovo scheint eine bosniakische Identität damit für die mazedonischen Gorani keinerlei Anziehungskraft zu haben.

Als eine der kleinsten ethnischen Minderheiten Mazedoniens haben die Gorani weder einen eigenen Minderheitenstatus noch eine Form politischer Vertretung. Im Gegensatz zum Kosovo gibt es in Mazedonien keine goranische Parteien. Im Parlament in Skopje existiert lediglich eine Partei slawischsprachiger Muslime, die sich in den letzten Jahren auch in Mazedonien immer mehr als Bosniaken bezeichnen. Diese Demokratische Liga der Bosniaken (*Demokratski Savez Bošnjaka*) ist allerdings nur mit einem Mandat im Parlament vertreten und wird von jenen slawischen Muslimen, die sich nicht als Bosniaken sehen, sondern als Gorani oder auch als Torbesh, nicht als deren politische Vertretung wahrgenommen. Wenn die Gorani überhaupt wählen gehen, stimmen sie eher für türkische Parteien als für die Demokratische Liga der Bosniaken. Wie im Kosovo fehlt auch in Mazedonien eine eigene Gemeinde, da beide Dörfer der mehrheitlich albanischen Gemeinde Bogovinjë zugeordnet sind.

---

108 Ergebnisse der Volkszählung von 2002. Internet: http://www.stat.gov.mk/pdf/kniga_13.pdf, abgefragt am 10. August 2012: S. 34.
109 Ebenda.

Urvič und Jelovjane liegen zwar nur durch eine kleine Schlucht getrennt eng beieinander, haben sich allerdings in den letzten Jahrzehnten sehr unterschiedlich entwickelt. Beide Dörfer leiden unter ihrer Isolation und einem eklatanten Mangel an Arbeitsplätzen in den Ortschaften. Außer Schafzucht und einigen wenigen Jobs, die durch den Betrieb von Kaffeehäusern oder einem kleinen Geschäft geschaffen wurden, gibt es in den Dörfern selbst keinerlei Einkommensmöglichkeiten. Die EinwohnerInnen der beiden Dörfer fanden allerdings unterschiedliche Strategien mit diesem Problem umzugehen. Während die rund 600 EinwohnerInnen des kleineren Jelovjane überwiegend in der Region geblieben sind und als Tages- oder Wochenpendler in Tetovo, Skopje oder einer der anderen Städte Mazedoniens arbeiten, suchten die BewohnerInnen von Urvič ihr Auskommen in der Migration. Mehr als die Hälfte der BewohnerInnen lebt und arbeitet heute in Italien, Deutschland, Österreich, Dänemark oder Finnland. Einige Gorani aus Urvič fanden sich sogar in Polen und Tschechien Arbeit. Mit rund 70 Familien bildet Italien allerdings das Hauptziel der MigrantInnen aus Urvič. Die meisten von ihnen arbeiten in den norditalienischen Wirtschaftsmetropolen wie Mailand oder Bergamo oder in Tourismusregionen wie Südtirol oder an der Adria, wo es Arbeitsplätze im Bau- und Gastgewerbe gibt.

Sabedin Yussuf, der in Jelovjane eines von zwei Kaffeehäusern betreibt, betont den Unterschied zwischen den beiden Dörfern, in Bezug auf die Migration: *„Aus Jelovjane sind nur zwei Familien nach Italien ausgewandert. Die meisten von uns leben das ganze Jahr hier. In Urvič sind fast alle ausgewandert."*[110]

Einer, der aus Urvič nach Italien ausgewandert ist, ist der 1979 geborene Besim Hazini, der in Bergamo arbeitet. Besim Hazini ist mit einer Italienerin verheiratet. Er erzählt, dass er nicht der einzige im Dorf ist, der im Ausland geheiratet hat: *„Es gibt schon einige, die das nicht gut finden, wenn man eine Christin heiratet. Aber bei uns gibt es einige, die in Italien mit Nichtmuslimen verheiratet sind."*[111] Die Idee, dass Gorani nur Gorani heiraten sollten, hält er für hoffnungslos veraltet. Auf Urvič hätten nicht nur Männer christliche Frauen geheiratet, sondern auch Frau-

110 Interview mit Sabedin Yussuf, Jeljovane, 3. August 2012.
111 Interview mit Besim Hazini, Urvič, 3. August 2012.

en christliche Männer. Manche Gorani sehen in dieser Entwicklung allerdings auch eine Gefahr für die goranische Identität. Tatsächlich verliert die nächste Generation aus diesen gemischten Ehen noch ein Interesse daran hat, die Sommer in den Dörfern zu verbringen. Auch die Kinder von Besim Hazini verbringen ihren Urlaub lieber am Meer als bei Verwandten, deren Sprache sie nicht mehr verstehen.

Dass die Einstellung zu gemischten Ehen in den beiden goranischen Dörfern in Mazedonien offensichtlich von jener im Kosovo abweicht, erklärt Besim Haini damit, dass die Gorani aus dem Kosovo in vielfacher Hinsicht *„rückständiger"* wären: *„Wir sind hier moderne und gebildete Muslime und nicht so konservativ wie im Kosovo."*[112]

Das Selbstbild modern, mobil und weltoffen zu sein, ist hier vielfach anzutreffen und dient offensichtlich nicht nur der Abgrenzung gegenüber der albanischen Bevölkerung im Tal von Tetovo, die auch für AlbanerInnen aus Albanien und aus dem Kosovo als besonders konservativ und religiös gilt, sondern auch gegenüber anderen Gorani, die in den geographisch wesentlich isolierteren Regionen des Kosovo und Albaniens leben.

Dieses Selbstbild der ‚Progressivität' zeigt sich auch im Ortsbild von Urvič und Jeljovane. Der in der Migration erworbene Wohlstand ermöglichte es den BewohnerInnen fast sämtliche alte Steinhäuser abzureißen und durch Neubauten zu ersetzen. Die alten Moscheen wurden durch Neubauten ersetzt und in Urvič hat sich ein neureicher Bürger mit einem überdimensionalen Open-air-Veranstaltungsort über dem Ort ein Denkmal gesetzt. Es ist wohl nur noch eine Frage von wenigen Jahren bis hier auch die letzten Reste traditioneller Architektur verschwunden sind. Beide Dörfer werden sichtbar wohlhabender, während sich v.a. Urvič zugleich immer mehr leert und zunehmend zu einem reinen Feriendorf mit Alterssitzen mutieren. Ökonomische Aktivitäten in den Dörfern sind so gut wie keine vorhanden und die im Berufsleben stehende Generation arbeitet in Italien, Deutschland oder Österreich. Welche Zukunft Urvič als lebendige Dorfgemeinschaft hat, ist damit mehr als fraglich.

---

112 Interview mit Besim Hazini, Urvič, 3. August 2012.

Abb. 69 u. 70: Jelovjane, August 2012.

Abb. 71: Urvič mit Jelovjane im Hintergrund, August 2012.

Abb. 72: Eines der letzten traditionellen Steinhäuser in Urvič, August 2012.

## Migration und Diaspora

Wie bereits mehrfach angesprochen, blicken die Gorani auf eine lange Geschichte der Migration zurück, die zumindest bis in das Osmanische Reich zurückreicht, als Goraner als Büchsenmacher und Zuckerbäcker in den verschiedensten Teilen des Reiches bekannt waren. Dabei handelte es sich meist nicht um eine dauerhafte Auswanderung aus der Region, sondern vielfach um eine temporäre Migration der jüngeren Männer, die ihre Frauen in den Dörfern zurückließen und mit dem Einkommen aus der Fremde (Gurbet) die Familien in den Dörfern ernährten und sich später wieder dauerhaft in den Dörfern niederließen.

Nach dem Zusammenbruch des Osmanischen Reiches verlegten sich die Ziele dieser temporären Migration für die Gorani Jugoslawiens in die jugoslawischen Städte und ab den 1960er-Jahren auch nach Westeuropa. Auch wenn es keine Nachfrage nach Büchsenmachern mehr gab, so blieben sie im gesamten ehemaligen Jugoslawien als Zuckerbäcker bekannt. In Albanien, das sich nach 1948 völlig isolierte, blieb den Gorani nur die Migration in die albanischen Städte, insbesondere Tirana und die Hafenstadt Durrës.

Trotz aller Verschiebungen der Migrationsrouten aus Gora, bleibt jedenfalls festzuhalten, dass die Dörfer der Gorani jedenfalls schon über mindestens zweihundert Jahre hinweg, möglicherweise aber auch schon viel länger, davon lebten, dass Teile der Bevölkerung außerhalb der Region arbeiteten und einen großen Teil ihrer Einkommen in die Region zurückfließen ließen. Daraus entwickelte sich eine Migrationskultur, bei der sich Themen der Migration und Diaspora auch in der mündlichen Literatur und im traditionellen Liedgut widerspiegeln. Insbesondere das Thema der zurückbleibenden Ehefrau und Familie spiegelt sich in einer Vielzahl von Goranischen Liedern wieder. Die Fremde (Gurbet) ist dabei kein Ort der Sehnsucht, sondern eine Notwendigkeit, der man sich aus materieller Not aussetzen muss.

Als Beispiele für solche Volkslieder sollen hier zwei in Gora sehr beliebte Lieder, die von verschiedenen Interpreten vertont wurden, übersetzt werden. Im Lied *Aj ja ce vi idem na pusti gurbet* (Ich werde in die Fremde gehen) wird aus der Perspektive eines goranischen Mannes seine Migration nach Deutschland geschildert. Jede Zeile wird im Gesang zweimal wiederholt, lediglich die vorletzte dreimal.

| | |
|---|---|
| Aj ja ce vi idem na pusti gurbet | Ich werde in die Fremde gehen |
| Na pusti gurbet vo germaniija | In die Fremde von Deutschland |
| Dejcica zelaje i ne me pustaje | Die Töchter weinen und lassen mich nicht gehen |
| | |
| Bate batence ke ce idujes? | Vater, Väterchen sag, wo gehst du? |
| Aj ja ce vi idem du vo germanija | Ich werde bis in Deutschland gehen |
| Du vo germanija za puste pare | In Deutschland nur für das Geld |
| Tamo rabotame so stav vo srce | Dort arbeiten wir mit Haltung im Herzen |
| Sto sme ostajlje daj ce najdeme | Was wir daheim gelassen haben, werden wir wieder finden |
| | |
| Matere galajka cetiri ujne | Mutter und vier Tanten |
| Cetiri ujne cela familjija | Vier Tanten, die ganze Familie |
| Cela familjija I bedna I glupa. | Die ganze Familie ist elend, arm und dumm. |

Die Familie wird hier als *„elend, arm und dumm"* – gemeint ist wahrscheinlich ungebildet – gesehen. Dieses Elend rechtfertigt es die Familie zu verlassen und nur für das Geld nach Deutschland zu gehen. Mit diesem Geld kann das Elend der Familie zu Hause gelindert werden.

Im Lied *Ka me ostaj Hasan more?* (Wieso hast Du mich verlassen mein Hasan (Hassan)?) kehrt sich die Perspektive um. Hier besingt eine Frau den Abschied ihres geliebten Mannes:

| | |
|---|---|
| Ka me ostaj Hasan more, sama jena | Wieso hast du mich verlassen Hasan |
| Sama jena Hasan more, ka nijena | Wieso hast du mich alleine gelassen Hasan, alleine wie keine andere |
| | |
| Muški ruljek Hasan more, vo koljepka | Mit einen kleinen Bub in der Wiege |
| Sama jena Hasan more, na bunište | Alleine,Hasan auf einen Misthaufen |
| Ruke v'medra Hasan more,kinosane. | Mit den Händen bei der Brust Hasan, Hände mit Mustern bemahlen |
| | |
| Zirkajeći Hasan more,v'Jariljice | Mit Tränen in den Augen Hasan in Jarilji-ce[113] |
| | |
| Sama jena Hasan more,bez nikogo | Ganz alleine Hasan ohne irgendjemanden |

113 Ortsbezeichnung.

| | |
|---|---|
| Ka kukajca Hasan more,vo Gabrojca. | Wie ein Kuckuck Hasan,in Gabrojca.[114] |
| So pet oka Hasan more,pottrepćinke | Mit fünf Augen Hasan und Augenlieder (Wimpern) |
| Pottrepčinke Hasan more v'dovni kofček. | Augenlieder Hasan und ein niedriger Kasten aus Holz. |
| Ridža će ti činim more bre Mehmed, | Ich bitte dich Mehmed, |
| Da mi pišaš, | dass du mir schreibst, |
| Kniga da mi pišaš more bre Mehmed, | Das du mir ein Buch schreibst Mehmed, |
| Hej Hasanu. | für Hasan. |
| Seljam će mu činiš more bre Mehmed , | Grüße ihn Mehmed, |
| Hej da dojde, | dass er kommt, |
| Ka što znije more bre Mehmed, | wie er weiss Mehmed, |
| Neka dojde | so soll er kommen. |
| Dete mu poraslo more bre Mehmed. | Sein Kind ist inzwischen erwachsen geworden Mehmed. |
| Pa prasuje, | So fragt es, |
| Pa prasuje more bre Mehmed, | So fragt es Mehmed, |
| Za babeta | Nach seinen Vater. |
| Neka dojde more bre Mehmed, | Er soll kommen Mehmed, |
| V'proljeć vakat, | im Frühling, |
| V'proljeć vakat more bre Mehmed, | im Frühling Mehmed, |
| Džennet vakat, | himmlische Zeit, |
| Džennet vakat more bre Mehmed, | himmlische Zeit Mehmed, |
| Šar-planinski.Haj haj haj Šar-planinski. | Šar-Gebirge Hej hej hej Šar-Gebirge. |

Lieder wie diese spiegeln die Verarbeitung der eigenen Erfahrung mit Migration und Zurückbleiben in der goranischen Gesellschaft wieder. Tatsächlich findet man bis heute in den Dörfern viele Frauen, die fast das gesamte Jahr über ihre Kinder alleine groß ziehen, während ihre Männer in Österreich, Deutschland, Italien oder einer der Nachfolgerepubliken des ehemaligen Jugoslawiens arbeiten. Es wäre hochinteressant die Folgen dieser Abwesenheit der Männer für die Geschlechterverhältnisse genauer zu untersuchen.

114 Ortsbezeichnung.

Heute leben mehr Gorani außerhalb von Gora als in der Region – zumindest während des Jahres. Die meisten Dörfer verfallen trotzdem nicht, weil sich die meisten Familien während der Sommermonate wieder in ihren Dörfern treffen. Einige der kleineren und entlegeneren Dörfer, wie etwa das im Kosovo gelegene, aber direkt an der Grenze zu Albanien liegende und nur durch einen ungeteerten Fahrweg erreichbare Orčuša oder das ebenfalls sehr entlegene und kleine Backa, verfallen zwar, die weniger entlegenen Dörfer weisen allerdings sogar rege Bautätigkeiten auf. Die meisten dieser Häuser werden jedoch nur für wenige Wochen im Sommer bewohnt und gehören MigrantInnen, die den Rest ihres Jahres in Deutschland, Österreich, Serbien oder Italien leben. In einigen Dörfern werden auch Berghänge bebaut, die dazu eigentlich nicht geeignet sind. In Restelica führte die Bautätigkeit in einem lawinengefährdeten Hang im Jänner 2012 zu einer Lawinenkatastrophe, bei der Zehn MigrantInnen aus Italien, die gerade ihren Winterurlaub in ihren Ferienhäusern verbrachten, ums Leben kamen. Von einer ganzen Großfamilie überlebte nur ein fünfjähriges Mädchen.

Aber auch ohne solche menschliche Katastrophen ist der Bauboom der ArbeitsmigrantInnen eine zwiespältige Angelegenheit. Er befördert nicht nur den Eindruck, die meisten Zeit des Jahres durch Geisterdörfer zu gehen, sondern macht auch die sozialen Gegensätze zwischen jenen, die im Kosovo zurückgeblieben sind und jenen, die in der Migration vergleichsweise wohlhabend geworden sind. Die Häuser der MigrantInnen, insbesondere jener, die nach Westeuropa gegangen sind, sind auf den ersten Blick als die größten und schönsten Neubauten zu erkennen. Dass dies bei jenen, die das ganze Jahr über in den kleinsten und ältesten Häusern der Orte leben müssen, gelegentlich zu Neid führt und so auch zu innerfamiliären Spannungen zwischen MigrantInnen und Zurückgebliebenen führt, ist wenig überraschend.

Die Zurückgebliebenen sind einerseits of von Überweisungen von Verwandten abhängig. Andererseits führen die ‚reichen' Verwandten aus dem Westen durch ihre Häuser, Autos und andere Prestigeobjekte ständig ihren ‚Reichtum' vor. Für viele Zurückgebliebenen entsteht dadurch die schwierige Situation von Verwandten abhängig zu sein, die man zugleich für ihren demonstrativ zur Schau gestellten Reichtum beneidet. Umgekehrt ist der Druck auf die MigrantInnen hoch Erspartes mit zurückgebliebenen Verwandten zu teilen und zu versuchen Verwandten ebenfalls eine Migration zu ermöglichen.

Als problematisch erweist sich dies v.a. deshalb, weil es immer schwieriger wird, sich in der Europäischen Union niederzulassen. Für eine Bevölkerungsgruppe wie die Gorani, die bereits über Jahrhunderte maßgeblich von der zeitweisen Migration ihrer jungen Männer gelebt hat, ist der Wegfall großer staatlicher Einheiten, in denen sie relativ problemlos in wirtschaftlich blühende urbane Zentren ziehen konnten, eine Katastrophe. Sowohl das Osmanische Reich als auch das multiethnische Jugoslawien hatten hier für eine ländliche Bergbevölkerung, wie die Gorani, Möglichkeiten zur (zeitweisen) Migration in die Städte geboten und selbst nach 1999 gab es noch relativ gute Möglichkeiten im Zuge einer Fluchtmigration in die Europäische Union zu migrieren. Nun gilt der Kosovo aber nicht nur in Österreich als „sicheres Drittland". Asylanträge werden in den meisten Fällen zurückgewiesen. Legale Arbeitsmigration ist hingegen in Zeiten der Wirtschaftskrise auch fast überall verunmöglicht worden. Ein EU-Beitritt des Kosovo scheint in weiter Ferne zu liegen.

Immer mehr Gorani kehren nach erfolglosen Migrationsversuchen nach Gora zurück. Die Gemeinde Dragaš hat einen eigenen Mitarbeiter, der für die Integration von (unfreiwilligen) RückkehrerInnen zuständig ist. Uzair Hamza aus dem Dorf Krstac ist zwar von der Gemeinde dafür zuständig den RückkehrerInnen bei ihrem Neustart zu helfen, ihm stehen dafür aber kaum finanzielle Mittel zur Verfügung. Uzair Hamza sagt offen, dass der Kosovo sich nicht an jene Verpflichtungen halte, zu denen er sich in Rückführungsverträgen mit EU-Staaten verpflichte: *„Den Rückkehrern werden etwas Wohnungen oder Häuser zugesichert und nichts davon wird gehalten. Was gesetzlich vorgeschrieben wäre, klingt gar nicht so schlecht aber es hält sich schlicht und einfach niemand daran, schon gar nicht wenn es sich um eine Minderheit, wie uns, handelt."*[115]

Auch die RückkehrerInnen selbst klagen darüber, dass ihnen vor der Rückkehr Hilfe versprochen worden wäre, die dann nicht eingehalten worden wäre. Einige ehemalige AsylwerberInnen ließen sich mit Ver-

115 Interview mit Uzair Hamza, Krstac, 14. August 2012.

sprechungen zur ‚freiwilligen' Rückkehr überreden, beklagen sich nun allerdings darüber, dass diese Versprechungen nicht eingehalten worden wären. RückkehrerInnen sind somit weitgehend von Familienmitgliedern abhängig, die ihnen Wohnraum und finanzielle Zuwendungen zukommen lassen müssen.

In dieser Situation bot im Frühling 2012 das EU-Mitgliedsland Bulgarien den Gorani bulgarische Reisepässe an, was bei proserbischen Gorani, wie Orhan Dragaš zu einem Aufruf führte, die Serbischen Pässe zu behalten. Dragash erklärte, die Gorani hätten keinerlei historische Verbindung zu Bulgarien: *„Wir sind ein Teil von Serbien und dementsprechend müssen wir handeln!"* [116]

Rund 100 Personen sollen allerdings die bulgarischen Reisepässe angenommen haben, womit sie automatisch über EU-Reisepässe verfügen und sich somit in Westeuropa niederlassen können. Allerdings muss dafür zunächst ein Wohnsitz in Bulgarien errichtet werden. Auch diese Möglichkeit stellt also insbesondere finanziell schlechter gestellte Gorani vor kaum lösbare Hürden.

Die erschwerte Migration führt damit auch dazu, dass Aufenthaltstitel und Reisepässe zu sozialem Kapital werden. Selbst für Heiratsentscheidungen spielen die Papiere des zukünftigen Ehemanns oder der Ehefrau mittlerweile in vielen Fällen eine gewisse Rolle. Die europäischen Migrationsregime beeinflussen damit in vielfacher Hinsicht die goranische Gesellschaft. Die Migration der Gorani ist somit nicht ohne jene, die nicht (noch) nicht migriert sind zu analysieren und umgekehrt. Wie Cohen und Sirkeci beschrieben haben, können nicht nur die Zurückgebliebenen von den MigrantInnen, sondern auch die MigrantInnen von den Zurückbleibenden abhängig sein. Dies betrifft v.a. die Migration selbst.

---

116 РТС: Примамљива понуда за Горанце, субота, 28. апр 2012 http://www.rts.rs/page/stories/ci/story/124/%D0%94%D1%80%D1%83%D1%88%D1%82%D0%B2%D0%BE/1092358/%D0%9F%D1%80%D0%B8%D0%BC%D0%B0%D0%BC%D1%99%D0%B8%D0%B2%D0%B0+%D0%BF%D0%BE%D0%BD%D1%83%D0%B4%D0%B0+%D0%B7%D0%B0+%D0%93%D0%BE%D1%80%D0%B0%D0%BD%D1%86%D0%B5.html, abgefragt am 30.6.2012.

*„In many situations, nonmovers organize the funds necessary to cross a border. They may ask for support from friends and family, but generally the goal is to organize the resources to cover a migration without going into debt or taking a loan."*[117]

Diese generellen Überlegungen Cohens und Sirkecis sind bei vielen Gorani zutreffend. Es gibt eine wechselseitige Abhängigkeit zwischen jenen, die in der Region bleiben und den MigrantInnen. Die Größe und der relative Wohlstand der Diaspora im Vergleich zu den in Gora verbliebenen Gorani führen jedoch auch diesbezüglich zu einer stärkeren Bedeutung jener, die bereits früher migriert sind und für neu Neuankömmlinge nicht nur finanzielle Hilfen bereitstellen können, sondern v.a. auch mit ihren Informationen und Netzwerken von Bedeutung sind. Die Gorani in Gora und die goranische Diaspora benötigen einander. Zugleich ist dieses wechselseitige Abhängigkeitsverhältnis allerdings auch Ursache für gesellschaftliche Konflikte und innergesellschaftliche und innerfamiliäre Verteilungskämpfe.

Innerhalb der Diaspora sind jedoch auch Veränderungen zwischen den Generationen zu beobachten. Die Kinder von MigrantInnen, die bereits in Deutschland, Österreich oder Italien aufgewachsen sind, verbringen zwar weiterhin ihre Sommer in den Herkunftsdörfern der Eltern und halten sich auch überwiegend daran HeiratspartnerInnen aus der Region bzw. dem jeweiligen Dorf zu suchen, allerdings stößt die enge Bindung der Eltern an die Herkunftsregion auch bei vielen jüngeren Diaspora-Gorani auf Unverständnis. Ein einem Gruppeninterview mit jungen Gorani aus Deutschland, die den Sommer mit ihren Eltern in Restelica verbringen, äußerten diese einhellige Kritik daran, dass sie jeden Sommer nach Restelica fahren müssten und nicht auch einmal woanders hinfahren könnten. Auch die Bautätigkeit der Elterngeneration stößt bei den Jüngeren nicht auf Begeisterung. Der in Dortmund lebende zwanzigjährige Elvedin Goljica kritisiert:

---

117 Cohen / Sirkeci 2011: 93.

*„Unsere Eltern bauen hier alle riesige Häuser, in denen sie dann vier Wochen im Jahr leben, während wir in Deutschland alle in alten und viel zu kleinen Mietwohnungen leben."*[118]

Auch für den siebzehnjährigen Amir Ese aus Hagen und den fünfzehnjährigen Ermin Severi aus Bielefeld ist klar, dass ihr Lebensmittelpunkt in Deutschland ist. Beiden Gymnasiasten ist der soziale Aufstieg durch Bildung wichtig. Sie sind gute Schüler und können sich nach ihrem Abitur auch ein Studium vorstellen. So kritisch die drei jungen Männer der Fokussierung ihrer Eltern auf Restelica gegenüber stehen, so wenig würden sie sich weigern die Sommer hier zu verbringen. Um ihrer Langeweile etwas entgegenzusetzen, verbringen sie viel Zeit mit anderen Kindern von MigrantInnen. Der konservativen Gesellschaftsordnung Restelicas stehen die drei Männer aus Dortmund, Hagen und Bielefeld sehr kritisch gegenüber. Alle drei finden es unfair, dass junge Frauen benachteiligt werden. Trotzdem ist auch für sie klar, dass nur die gesellschaftlich erwünschte Eheschließung mit einer jungen Frau aus dem Dorf möglich ist und dass auch sie einmal eine Jungfrau heiraten wollen. Jungen Leuten bleibt angesichts der sehr konservativen Gesellschaftsordnung wenig Spielraum. Letztlich müssen sie sich an die wesentlichen in sie gesetzten Erwartungen halten, wenn sie nicht aus der Gemeinschaft herausfallen wollen. In weniger konservativen Dörfern sind die Spielräume für Jugendliche zwar etwas größer. Im Großen und Ganzen stehen aber auch die Diaspora-Gorani aus anderen Dörfern vor ähnlichen Problemen.

Bisher hat noch niemand eine zuverlässige quantitative Erfassung der goranischen Diaspora durchgeführt. Harun Hasani gibt an, dass insgesamt 8,552 Gorani in verschiedenen Städten Jugoslawiens auswanderten, wovon sich über die Hälfte (53,8%) in Zentralserbien niedergelassen hätten.[119] Heute leben in Serbien vermutlich zwischen 4.500 und 5.500 Gorani, die überwiegende Mehrheit davon in Belgrad, allerdings auch eine größere Zahl in der Vojvodina. Größere goranische Communities finden sich auch in den Städten Mazedoniens und Albaniens (insbesondere in Durrës), in Bosnien und Herzegovina, Kroatien, Italien,

---

118 Interview mit Elvedin Goljica, Amir Ese und Ermin Severi, Restelica, 15. Juli 2012.
119 Hasani 2007: 148.

Deutschland, Österreich, der Türkei, Griechenland, den USA (New York und Los Angeles) sowie Großbritannien.

Dabei haben sich unterschiedliche Dörfer in unterschiedliche Richtungen aufgemacht. Familienbande und dörfliche Solidarität führen dazu, dass sich bestimmte Dörfern eher nach Serbien, andere nach Italien und wieder andere nach Großbritannien oder eben Österreich aufgemacht hatten.

Allerdings gibt es in all diesen Dörfern auch Minderheiten, die es an andere Orte verschlagen hat. Die meisten Gorani aus Brod sind nach Serbien und Mazedonien ausgewandert. Im Sommer finden sich im Ort jedoch auch BewohnerInnen aus Deutschland, Italien oder gar Finnland, die für wenige Wochen in ihre Heimat zurückkehren. Die Mehrheit der BewohnerInnen der größten goranischen Ortschaft Restelica, mit seinen etwa 1.500 Häusern, die im Sommer für kurze Zeit 8.000 BewohnerInnen haben, ist nach Italien ausgewandert. Über die 60% der BewohnerInnen lebt während des Jahres in verschiedenen Regionen Italiens. Die BewohnerInnen schätzen, dass etwa weitere 20-25% in Deutschland leben, 5-10% in der Schweiz und 5-10% in Kroatien leben. Einige Familien leben und arbeiten allerdings auch in Südfrankreich, Österreich und in Finnland. Nur 1.000 der insgesamt 8.000 BewohnerInnen leben das gesamte Jahr über im Dorf.

Die westeuropäische goranische Diaspora setzt sich aber nicht nur aus den Gorani aus dem Kosovo zusammen. Wie bereits beschrieben sind auch aus einigen goranischen Dörfern in Mazedonien und Albanien größere Gruppen nach Westeuropa ausgewandert. Die goranische Diaspora in Großbritannien setzt sich zu einem wesentlichen Teil aus Gorani aus dem albanischen Šištevec zusammen.

Festzuhalten gilt es, dass jedes Dorf andere Migrationsbrücken entwickelt hat und somit eine sehr diversifizierte goranische Diaspora entstanden ist, die sich von Dorf zu Dorf und von Staat zu Staat stark unterscheidet. In der Folge soll dies anhand eines Fallbeispiels, eines Dorfes, das überwiegend nach Österreich ausgewandert ist, dargestellt werden.

## Rapča: Ethnographie einer Auswanderung nach Österreich

Kein goranisches Dorf hat engere Bindungen zu Österreich als Rapča, genauer gesagt als das Doppeldorf Donja Rapča und Gornja Rapča, das untere und das obere Rapča, die nur etwa zwei Kilometer von einander entfernt liegen. Gornja Rapča ist etwas größer als das darunter liegende Donja Rapča. Beide zusammen bilden die ersten goranischen Dörfer an einer Seitenstraße gelegen, die noch for dem Hauptort Dragaš zu den Dörfern Rapča und Krstac führt. Beide Dörfer haben jeweils eine eigene Moschee und einen eigenen Friedhof. Allerdings wird die Schule, die am Ortsende von Donja Rapča in Richtung Gornja Rapča liegt, gemeinsam genutzt.

Über 400 Kinder gingen hier vor dem Krieg in die neun Schulstufen umfassende Schule. Im Schuljahr 2012/2013 waren es noch 65. Mit der Migration der meisten DorfbewohnerInnen nach Österreich, kamen den Lehrern auch die Kinder abhanden. Kinder und Jugendliche gibt es heute fast nur noch im Sommer zu sehen. Während des Jahres sind die beiden Rapčas fast nur noch von Senioren bewohnt.

Etwa 80% der Bevölkerung lebt und arbeitet mittlerweile in Österreich. Ihre Häuser haben die meisten davon trotzdem in Rapča errichtet. Und so schrumpft zwar die Zahl der permanenten BewohnerInnen der Dörfer, während gleichzeitig die Zahl der neuen Häuser ebenso anwächst, wie die Grundstückspreise, die sich die Zurückgebliebenen kaum mehr leisten können. 80,- Euro werden mittlerweile für den Quadratmeter bezahlt, was für österreichische Löhne relativ billig ist, allerdings im Kosovo mit den Grundstückspreisen im Zentrum der Hauptstadt mithalten kann.

Die ersten Gorani kamen als sogenannte Gastarbeiter in den 1960er-Jahren nach Österreich. Wie aus allen Dörfern der Gorani waren auch aus Rapča (albanisch Rapçë) schon seit mindestens Anfang des 20. Jahrhunderts junge Männer in die Städte gegangen, um dort zu arbeiten, und mit ihrem Einkommen die in den Bergen zurückgebliebenen Familien zu unterstützen. Mit dem Anwerbeabkommen, das die Sozialistische Föderative Republik Jugoslawien 1966 mit Österreich schloss, wurde die rechtliche Grundlage geschaffen, jugoslawische Staatsbürger nach Österreich anzuwerben. In der Folge kamen ab Ende der 1960er-Jahre auch die ersten Arbeiten aus den beiden Dörfern Donja und Gornja Rapča, also das untere und das obere Rapča nach Österreich.

Sadik Salemi kam bereits 1967, nur ein Jahr nach Beginn der Anwerbung jugoslawischer Arbeiter durch österreichische Anwerbestellen, nach Wien, wo er 32 Jahre lang als Weichensteller am Westbahnhof arbeitete. Er gilt bis heute als Pionier im Dorf. Der erste von Hunderten MigrantInnen, die seither ihren Weg nach Österreich gefunden haben.

Sadik Salemis Frau blieb in Donja Rapča zurück. Bis zu Salemis Pensionierung bei den ÖBB 1999 sahen sich die Eheleute nur während des Urlaubs im Sommer für wenige Wochen. „Das Leben meiner Frau war ein trauriges", meint er heute. „Als sie jung war, war ich immer in Österreich, und als ich in der Pension zurückkam, war sie alt und krank."[120] Der gemeinsame Sohn ist bereits als Kind verstorben.

Nur wenige dieser ersten Generation an Migranten aus Rapča holten ihre Frauen nach Österreich nach. Der Lebensmittelpunkt der Familien sollte in Gora bleiben, die Kinder zu Hause aufwachsen.

Hassan Kamberi holte seine Frau Aljemša nach einigen Jahren Österreich nach. In der Pension gingen jedoch beide wieder in ihr Dorf zurück, wo Hassan bald starb. Von der kleinen Witwenpension seiner Frau müssen heute auch noch die Schwiegertochter und die drei Enkel leben. Als die Situation nach 1999 für die Gorani hier immer schwieriger wurde, floh der Sohn des ehemaligen Gastarbeiters Hassan Kamberi, Aliman Kamberi nach Österreich. Das Land, das in den 1960er- und 1970er-Jahren nach Arbeitskräften aus dem ehemaligen Jugoslawien gesucht hatte, nahm den Sohn jedoch nicht mit ähnlich offenen Armen auf, wie den Vater.

2006 stellte Aliman Kamberi schließlich in Traiskirchen, einem von zwei österreichischen Erstaufnahmestellen für AsylwerberInnen, einen Asylantrag. Seither hat ihn die Familie nicht mehr gesehen. Bis heute hat er weder einen positiven Asylbescheid erhalten, noch ist sein Verfahren rechtskräftig negativ beschieden. Seit insgesamt sieben Jahren wartet er damit auf den Ausgang seines Verfahrens, eine Wartezeit, die eben-

120 Interview mit Sadik Salemi, Rapča, 10. April 2008.

so mit einem de facto Arbeitsverbot verbunden ist, wie mit der Unmöglichkeit seine Familie zu sehen.

Seine Frau Ziljana ist verzweifelt. Sieben Jahre wartet die Familie schon auf die Familienzusammenführung: *„Andere Kinder hier sahen ihre Väter wenigstens in den Ferien. Ich musste meine Kinder völlig allein großziehen und das ohne Arbeit und Geld. Kinder sollten nicht ohne ihren Vater aufwachsen."*[121]

Solange das Asylverfahren nicht positiv abgeschlossen ist, bestehen für die Frau und die Kinder keine Chancen legal nach Österreich nachzukommen. Seinen jüngsten Sohn Muhamed hat der Vater zum letzten Mal als Baby gesehen. Heute kennt er seinen Vater nur von Fotos von Facebook oder Skype. Seine Tochter Selbina, die in den letzten Jahren von einem kleinen Mädchen zu einer hübschen jungen Frau herangewachsen ist, weint, wenn sie von ihrem Vater erzählt: *„Ich kenne meinen Vater gar nicht mehr. Ich würde ihn so gerne sehen. Aber nun bin ich erwachsen und habe ihn all die Jahre vermisst. Jetzt kenne ich ihn nur noch von den Fotos."*[122]

Hier in Rapča gibt es für sie seit dem Schulabschluss nichts mehr zu tun. Im Ort gibt es keine Arbeit und nach Prizren hinunter würde sich die junge Frau nicht alleine wegen. Junge Frauen fürchten sich vor sexuellen Belästigungen und Übergriffen durch albanische Männer. So sitzen die beiden Töchter den ganzen Tag zu Hause und helfen der Mutter im Haushalt. Ihr Haus müsste aber wohl zehnmal so groß sein, dass alle vier Frauen von der Großmutter bis zur Enkelin mit Hausarbeit beschäftigt sein könnten. Und so läuft der Fernseher in der Küche nicht nur während des Interviews mit der Familie, sondern wohl in Permanenz.

Die Dauer des österreichischen Asylverfahrens hat hier nicht nur eine Familie zerrissen, sondern auch für materielle Not gesorgt. Der Vater, der als Asylwerber in einer Flüchtlingspension im niederösterreichischen Unterwaltersdorf lebt und wie alle Asylwerber keine legale Arbeitserlaubnis besitzt, kann der Familie keine Unterstützung zukommen lassen. Die Frauen sind nicht nur unterbeschäftigt, sondern

---

121 Interview mit Ziljana Kamberi, Rapča, 10. Juli 2012.
122 Interview mit Selbina Kamberi, Rapča, 10. Juli 2012.

haben auch kein Einkommen. So leben neben der Großmutter Aljemša auch noch die Schwiegertochter Ziljana und drei Enkel von der österreichischen Witwenpension, für die Hassan Kambere einst auf Baustellen in Niederösterreich gearbeitet hatte.

Auch Sadik Salemi, der erste den es 1967 nach Österreich verschlagen hat, lebt heute von seiner österreichischen Pension, die er sich während seiner 32 Jahre bei den ÖBB erarbeitet hatte. Er und die anderen alten Leute in Rapča fühlen sich heute einsam. *„Es ist ja niemand mehr hier"*, klagt Sadik Salemi. *„Alle Jungen sind weg."* Dass sie weggingen, dafür hat er aber Verständnis: *„Hier gibt es ja nichts mehr zu tun. Früher hatten wir wenigstens Schafe, und in Dragaš gab es eine Fabrik. Aber das ist jetzt alles vorbei."*[123]

Als ich Sadik Salemi 2008 kennenlernte, war es gerade März. Kalter Schneeregen prasselte auf das Dorf herab. Er und einige wenige einsame Alte waren die einzigen Bewohner, die man hier antreffen konnte. Als ich im Sommer 2012 nach Rapča kam, fand ich ein verändertes Dorf und auch einen veränderten Sadik Salemi vor. Im Sommer erwacht das Dorf für wenige Wochen wieder zu neuem Leben. Die das Jahr über zurückverbliebenen Alten sind plötzlich wieder in eine Gemeinschaft integriert und leben wieder unter Verwandten und Freunden auf.

Bis in die 1990er-Jahre war Rapča noch ein funktionierendes Bauerndorf, das zwar die Unterstützung seiner Söhne aus den Städten Jugoslawiens und Österreichs benötigte, das aber noch als ganzjährige Dorfgemeinschaft funktioniert. In beiden Dörfern wurde Landwirtschaft betrieben. Die meisten dauerhaften BewohnerInnen hatten zumindest einige Kühe oder Schafe und bauten etwas Gemüse an. Im Winter wurde mit Holz aus den umliegenden Wäldern geheizt. Das Dorf wurde schließlich sogar an das Stromnetz angeschlossen und erhielt eine moderne Schule, die in der Mitte auf halbem Weg zwischen Donja und Gornja Rapča errichtet wurde. Viele Gorani, auch die jungen Männer aus Rapča, hatten sich als Konditoren in den Städten des ehemaligen Jugoslawiens niedergelassen, besonders viele in Bosnien. Vom Geld, das man sich in den Städten Jugoslawiens oder in Österreich ver-

123 Interview mit Sadik Salemi, Rapča, 10. April 2008.

diente, wurden moderne Häuser errichtet. Langsam begannen die alten schönen, aber wenig komfortablen Häuser aus Stein, Lehm und Holz, Ziegelbauten zu weichen. Ein bescheidener Wohlstand schien Einzug zu halten.

Dann wurde das Dorf jedoch, wie die anderen Dörfer der Region Gora, in die nationalistischen Zerfallskonflikte des ehemaligen Jugoslawiens hineingezogen. Mit der Abschaffung der Autonomie des Kosovo und der zunehmend militanter werdenden Gegenwehr der Albaner gegen die serbische Unterdrückung, kamen sie, wie bereits geschildert, schließlich auch im Kosovo selbst zwischen die Räder. Mit Beginn des Guerillakrieges der UÇK wurde es für Rapča besonders schwierig. Der Ort befand sich gewissermaßen an der Frontlinie. Die nördlich an Donja und Gornja Rapča angrenzenden Nachbardörfer Breznë und Rrenc waren bereits von AlbanerInnen bewohnt. Der südöstlich daran angrenzende Hauptort der Gemeinde Dragaš war zwar bis in die 1960er-Jahre hinein noch ausschließlich von Gorani bewohnt. Dann zogen allerdings auch immer mehr AlbanerInnen in den Ort. In den 1990er-Jahren lebten hier beide Bevölkerungsgruppen mehr neben- als miteinander. Lediglich im Südwesten gab es mit Krstac ein weiteres goranisches Dorf, ehe man direkt vor der Grenze zu Albanien stand. Wirklich problematisch wurde das Zusammenleben aber auch in Rapča erst mit dem Krieg zwischen der UÇK und den serbischen Sicherheitskräften.

Auch der 1976 geborene Jasim Bajrami wurde zur Armee eingezogen. Niemand habe damals geglaubt, dass Serbien jemals abziehen könnte, sagt der ausgebildete Lehrer heute. Viele Gorani fühlten sich nach dem 1999 von Serbien im Stich gelassen. Auch in Rapča wendeten sich viele der neu geschaffenen bosnischen Identität zu.

Jasim Bajrami war 1998 an der Verhaftung von vier Kämpfern der UÇK beteiligt. Die vier Albaner leben heute im weniger als fünfzehn Kilometer entfernten albanischen Ort Zhur. Seither fürchtet sich Jasim Bajrami und seine Familie vor der Rache der Angehörigen. Diese Furcht ist nicht unbegründet. Im Dezember 2002 kam es in Rapča und im benachbarten Krstac zu zwei Gewalttaten gegen Gorani, bei denen eine Person getötet, eine andere schwer verletzt wurde. Bis dahin hatten sich die BewohnerInnen von Rapča zumindest innerhalb ihres Dorfes sicher gefühlt. Die Angriffe innerhalb des Dorfes fühlten jedoch zu großer Verunsicherung. Es kam zu Demonstrationen vor der lokalen Polizeistation und bereits in den ersten Tagen nach den Anschlägen wanderten aus beiden Dörfern insgesamt 15 Familien (65 Personen) nach Österreich, Serbien und Bosnien aus. Dass es sich bei dieser Geschichte nicht um eine Übertreibung der Betroffenen handelt, belegt schon die Tatsache, dass sie sich so auch in Bescheiden des Unabhängigen Bundesasylsenats findet und damit für die Spruchpraxis von Asylbescheiden herangezogen wurde.[124]

Der Kosovo ist nach wie vor weit von einem Rechtsstaat entfernt. Gewalttaten werden selten aufgeklärt. Wenn es um Konflikte zwischen gut vernetzten albanischen Großfamilien und Angehörigen der kleinen Minderheiten geht, schenken die Minderheiten dem albanisch dominierten Staat keinerlei Vertrauen.

Familie Bajrami wartete nach 1999 trotzdem zu und hoffte, dass sich die Situation verbessern würde. Als Drohungen aus dem Umfeld der damals Verhafteten nicht aufhörten, floh die Familie 2006 nach Österreich und erhielt nach vier Monaten einen negativen Asylbescheid des Unabhängigen Asylsenats UBAS. Die Familie bemühte sich in dieser Zeit sehr um ihre Integration. Jasim Bajrami übersetzte regelmäßig bei den Ärzten und Zahnärzten in der Gemeinde. Die Gemeindezeitung von Mühldorf zeigt die kleine Najla 2008 mit ihren Mitschülerinnen im örtlichen Schwimmbad. Ein Foto zeigt Najla stolz bei einer Feier mit einer Fackel von Soldaten des österreichischen Bundesheeres. Die Marktgemeinde beschäftigt den fleißigen Arbeiter mit Hilfstätigkeiten zu € 5,- die Stunde. Mehr als 20 Stunden Hilfstätigkeiten darf er als Asylwerber nicht leisten. Mehr als € 100,- dürfen Asylwerber damit im Monat nicht verdienen. Bürgermeister Manfred Hackl bestätigt schriftlich:

*„Seine Tätigkeit umfasst die Mithilfe bei Mäharbeiten, Streicharbeiten und Reinigungsarbeiten im Bereich der öffentlichen Flächen im Gemeindegebiet. Diese Tätigkeiten werden in Zusammenarbeit mit Gemeindebe-*

124 UBAS-Bescheid vom 22.04.2004, GZ. 227.779/0-V/14/02

*diensteten ausgeführt. Herr Bajrami ist stets sehr freundlich und erledigt seine Aufgaben gewissenhaft und zu unserer vollsten Zufriedenheit.*"[125]

Nachdem der Asylantrag auch höchstgerichtlich abgelehnt worden war, stürmte die Polizei schließlich im März 2008 um sechs Uhr morgens das AsylwerberInnenheim in Mühldorf bei Krems, in dem die Familie untergebracht war. *„Ich träume heute noch manchmal davon!"*[126] bricht es heute noch aus Najla Bajrami hervor. Man sieht es ihr an, dass sie sich nicht gern an jene Nacht erinnert, in der sie und ihre älteren Schwestern Elsa und Almeida um sechs Uhr morgens von österreichischen Polizisten in einem Asylwerberheim in Niederösterreich aus dem Schlaf gerissen wurden. Damals war das Mädchen noch keine zehn Jahre alt. Sie und ihre älteren Schwestern schliefen gemeinsam in einem Zimmer. Die österreichischen PolizeibeamtInnen ließen sie nicht mehr zu ihren Eltern.

*„Wir wussten überhaupt nicht was los ist! Stellen Sie sich vor. Mitten in der Nacht weckt man uns auf. Wir Kinder wissen nicht, warum wir verhaftet werden. Wir sehen unsere Eltern nicht und dürfen nicht mit ihnen sprechen. Niemand sagt uns, was los ist.*"[127]

Najla spricht heute noch in abgehackten Sätzen, wenn sie von dieser Nacht erzählt. Zwar gelang es der Familie mithilfe eines Anwalts bereits nach vier Stunden wieder frei zu kommen. Die Traumatisierung der drei Mädchen aber blieb. Insbesondere die älteste Tochter Elsa und die jüngste Tochter Najla wirken bis heute verschüchtert, wenn sie über diese Morgenstunden berichten. *„Wir wussten ja überhaupt nicht, was mit uns geschieht", berichtet* Elsa: *„Wir wurden wie Kriminelle eingesperrt!"*[128] Die Mädchen mussten sich nackt ausziehen und durften nicht einmal ihre Kleidung anbehalten.

Auch die Bevölkerung wehrt sich gegen die Abschiebung. Der Ortsstellenleiter des Roten Kreuzes in Spitz, Karl Görlich, setzt sich für die Familie ein. Die Niederösterreichischen Nachrichten widmen dem Fall eine ganze Seite und die Titelschlagzeile auf Seite eins: *„Ort kämpft für*

---

125 Schreiben der Marktgemeinde Mühldorf vom 15. Juni 2007. Liegt dem Autor vor.
126 Interview mit Almeida, Elsa und Najla Bajrami, Rapča, 9. Juli 2012.
127 Interview mit Almeida, Elsa und Najla Bajrami, Rapča, 9. Juli 2012.
128 Interview mit Almeida, Elsa und Najla Bajrami, Rapča, 9. Juli 2012.

*Asylwerber"*[129] prangert es hier in dicken Lettern von der Titelseite. Im Zeitungsinneren steht zu lesen: *„Sie sind beliebt, engagieren sich im Gemeindeleben und sollen trotz Lebensgefahr abgeschoben werden: Nun kämpfen die Mühldorfer für Familie Bajrami."*[130] Auch andere Medien, wie die Niederösterreich-Ausgabe des Kuriers, berichten über den Widerstand der Bevölkerung gegen die Abschiebung der Familie Bajrami.

Ein neues Asylverfahren ermöglichte der Familie noch siebzehn Monate in Österreich zu bleiben. 2009 berichteten die Niederösterreichischen Nachrichten erneut über Jasim Bajrami, diesmal über seinen selbstlosen Einsatz bei der Hilfe für die Hochwasseropfer an der Donau. Ein Foto zeigt Jasim Bajrami, gemeinsam mit einem Feuerwehrmann bei Reinigungsarbeiten in Spitz an der Donau. Die Zeitung zitiert ihn: *„Meine Familie hat hier viel Gutes erfahren, da wollte ich einfach ein wenig davon zurückgeben."*[131]

Jasim Bajrami hat bis heute eine schriftliche Bestätigung der Freiwilligen Feuerwehr Spitz an der Donau, in dem diese bestätigt, dass er am 26. Und 27. Juni 2009 bei den Aufräumarbeiten nach dem Hochwasser geholfen hat. Über die Mitschüler der Kinder, die Hilfstätigkeiten in der Gemeinde und die generelle Hilfsbereitschaft der Familie finden sie bald Freunde in der Gemeinde. Einige der Freundschaften halten bis zum heutigen Tag.

Nachdem allerdings auch das zweite Asylverfahren abgelehnt wurde, überredete der vom Innenministerium finanzierte und von seriösen NGOs als GONGO[132] betrachtete ‚Verein Menschenrechte Österreich'(VMÖ) Jasim Bajrami zur freiwilligen Rückkehr in den Kosovo: *„Die sind zu uns gekommen und haben gesagt, dass wir in Handschellen abgeführt, eingesperrt und gewaltsam in den Kosovo zurück gebracht werden, wenn wir nicht unterschreiben."*[133] Da seine Töchter schon von der letzten Verhaftung traumatisiert waren, wollte Jasim Bajrami sei-

---

129 NÖN 14/2008

130 Isabella Czabaun: Im Kosovo droht ihnen Blutrache: Familie in Angst vor Abschiebung. NÖN 14/2008

131 Gerlinde Schopf: Wieder „Normalzustand, außer im Spitzer Graben. NÖN 28/2009.

132 Government organized non-governmental organization.

133 Interview mit Jasim Bajrami, Rapča, 9. Juli 2012.

nen Töchtern eine erneute Verhaftung ersparen. Zehn Tage später saß die Familie im Flugzeug in den Kosovo.

Die Familie ist seither die einzige Familie in Rapča, die kein eigenes Haus besitzt und die bei anderen in Untermiete wohnen muss. Für die beiden älteren Töchter ist die Schulzeit nach neun Jahren bereits vorbei. Die Familie hat zu viel Angst vor die Töchter in eine weiterführende Schule in das gemischte Dragaš oder nach Prizren gehen zu lassen. Arbeit gibt es ohnehin keine im Dorf. Elsa und Almeida langweilen sich seither zu Hause zu Tode. Najla darf noch ein Jahr in die Schule gehen. Mit ihren österreichischen Schulfreundinnen sind sie noch über Facebook in Kontakt. *„Die verstehen auch nicht, warum wir gehen mussten!"*[134] meint Najla.

Sehnlichster Wunsch der gesamten Familie ist es bis heute irgendwie wieder nach Österreich zu kommen. In Rapča selbst fühlt sich die Familie zwar sicher. Jeder Schritt aus dem kleinen rein goranischen Siedlungsgebiet hinaus ist jedoch mit Stress verbunden. Der Vater fürchtet sich weiterhin vor der Rache der Familien der 1998 verhafteten Albaner und die Töchter dürfen aus einer Mischung aus berechtigter Angst vor Übergriffigkeit albanischer Männer und der Angst der väterlichen Kontrolle zu entgleiten nicht in eine weiterführende Schule außerhalb des Dorfes.

Anderen Gorani erging es besser. Nuhi Nadir flüchtete 2001 aus Rapča nach Österreich und verbrachte die ersten elf Monate seines Asylverfahrens im Erstaufnahmezentrum in Traiskirchen. Auch er musste drei Jahre auf den Ausgang seines Verfahrens warten, drei Jahre ohne Arbeitsmöglichkeit und ohne Möglichkeit seine Familie zu sehen. 2004 erhielt er allerdings endlich seinen positiven Bescheid. Der zweifache Familienvater hatte Glück, dass er noch rechtzeitig seinen Asylbescheid bekam.

Vor allem bis 2006 wurden die meisten Asylanträge von Gorani aus dem Kosovo positiv bearbeitet. Dann fuhr jedoch im Mai 2006 feine Delegation des Bundesministeriums für Inneres, des Bundesasylamts und des UBAS zur „Fact-Finding-Mission" in den Kosovo. In der Zeit-

---

134 Interview mit Almeida, Elsa und Najla Bajrami, Rapča, 9. Juli 2012.

schrift des Innenministeriums, der öffentlichen Sicherheit, hieß es daraufhin in einem Bericht:

*„Ein Großteil der Goraner berichtete über Verwandte und Bekannte in Österreich, die nicht zuletzt auch wichtige Geldgeber für die Region sind. Dennoch zeigte sich mehr als deutlich, dass nicht alle Bewohner der Gora-Region der stetigen Abwanderung der Bevölkerung positiv gegenüberstehen. So findet sich in der Goraner Ortschaft Donja Rapca ein Graffiti mit der Aufschrift ‚Österreich ist nicht die Lösung.'"* [135]

Welche Konsequenzen auch immer Innenministerium, Bundesasylamt und UBAS aus ihrem Kosovo-Besuch zogen – Asylbetreuern fällt auf, dass es seither für Gorani wesentlich schwerer geworden ist, in Österreich Asyl zu bekommen.[136] Festgeschrieben wurde dieser Trend schließlich dann im Juni 2009, als der Ministerrat auf Initiative der damaligen Innenministerin Maria Fekter eine Verordnung beschloss, die den Kosovo zum sicheren Herkunftsstaat erklärte[137] und damit faktisch Asyl für AsylwerberInnen aus dem Kosovo verunmöglichte.

Einer dessen Asylantrag wohl zu spät gekommen ist, ist Wahid Suleymani, der mit seiner Frau Erneda und seiner in Österreich geborenen Tochter Leila am 27. März 2008 wieder in den Kosovo abgeschoben wurde. Dass die Tochter in Österreich geboren wurde, nützte angesichts des immer noch auf dem ‚Blutsrecht' *(Jus sanguinis)* basierenden österreichischen Staatsbürgerschaftsrecht wenig. An seine kurze Zeit in Österreich, in der er relativ gut Deutsch gelernt hatte, erinnert er sich gerne. Bis auf die drei Monate Schubhaft, in die er genommen wurde: *„Das war schrecklich. Aber ich möchte trotzdem nach Österreich zurück. Hier im Kosovo gibt es keine Zukunft für meine Familie!"*[138]

---

135 Dreveny 2006: 123.

136 Bei all meinen Begegnungen mit goranischen Politikern und Intellektuellen habe ich übrigens immer wieder gefragt, ob diese besagte Delegation des österreichischen Innenministeriums 2006 mit ihnen gesprochen habe. Bislang habe ich allerdings noch keinen einzigen goranischen Politiker oder Intellektuellen gefunden, der sich an diese Delegation erinnern konnte.

137 Verordnung der Bundesregierung, mit der Staaten als sichere Herkunftsstaaten festgelegt werden (Herkunftsstaaten-Verordnung - HStV) StF: BGBl. II Nr. 177/2009

138 Interview mit Wahid Suleymani, Rapča, 22. August 2012.

Anderen gelang es über das Niederlassungs- und Aufenthaltsgesetz (NAG) in Österreich Fuß zu fassen. Menis Daubi lebt mit seiner Familie seit vielen Jahren im fünfzehnten Wiener Gemeindebezirk. Er kam, wie viele andere, zum Arbeiten nach Österreich und ist geblieben. Rapča besucht er vor allem um seinen Vater und seine Verwandten zu besuchen.[139]

Es gibt keine genaue Statistik, allerdings schätzen die BewohnerInnen von Rapča selbst, dass zwischen siebzig und achtzig Prozent der Bevölkerung der beiden Dörfer heute in Österreich leben, was über 1.000 Personen ausmachen würde. Verlässliche Zahlen gibt es dazu allerdings nicht.

Dieser Teil der Bevölkerung kommt lediglich während des Sommers nach Rapča zurück. Für wenige Wochen erweckt das während des Jahres völlig ausgestorbene Dorf dann zu neuem Leben. Wie in allen Dörfern der Region finden während dieser Wochen sämtliche Hochzeiten, Beschneidungen und anderen Familienfeiern statt. Die jungen Leute bilden allabendlich einen sogenannten Korzo, einen Spaziergang bei dem sich die jungen Burschen an den Straßenrand stellen und die Mädchen zwischen ihnen auf- und abspazieren. Zwischen dem oberen und unteren Rapča, bei der Schule, wo es auch zwei kleine Bars gibt, wird so in der Nacht stundenlang geflirtet und geplaudert, um während der Ferien einen Partner aus dem eigenen Dorf zu finden.

In diesen Sommermonaten ist die Dorfgemeinschaft wieder intakt. Während des Jahres sind jedoch alle in Österreich mit ihrer Arbeit beschäftigt. Die meisten Gorani aus Rapča haben sich in Wien und in Niederösterreich im Bezirk Baden bei Wien niedergelassen, die meisten davon in der Stadt Baden selbst oder in Oeynhausen, einer Katastralgemeinde von Traiskirchen in der eine Reihe von Industriebetrieben angesiedelt sind. Alicia Allgäuer und Mariella Müller begründen die Niederlassung der Gorani im Bezirk Baden in einem Buchbeitrag mit der Nähe des Flüchtlingslagers Traiskirchen. Anerkannte Asylwerber wären dann einfach in der Region geblieben.[140] Ein weiterer Grund

139 Interview mit Menis Daubi, Rapča, 10. Juli 2012.

140 Allgäuer / Müller 2007: 319.

dürfte allerdings in den bereits in der Region lebenden einzelnen goranischen Familien zu suchen sein.

Abdjl Nuhi kam bereits 1971 nach Österreich und fand als Maurer in einem großen Betrieb in Oeynhausen Arbeit. Damals herrschte in Österreich Arbeitskräftemangel und die Gorani waren bei ihren österreichischen Arbeitgebern bald als fleißige Arbeiter beliebt. So gelang es auch Abdjl Nuhi Verwandte aus dem Dorf nach Österreich zu bringen. Oeynhausen, damals noch eine eigenständige Gemeinde, hatte so schon einige goranische Familien, als nach 1999 die Verwandten und FreundInnen im Erstaufnahmezentrum Traiskirchen landeten. Die seit der Eingemeindung von 1972 zu Traiskirchnern gewordenen Oeynhausener Gorani wurden so zu einem der ersten Anknüpfungspunkte für die Neuankömmlinge.

Abdjl Nuhi kann sich noch gut an seine Anfänge in Österreich erinnern. Über die österreichische Botschaft in Belgrad wurde er damals von seiner Firma angeworben. Zu viert wurden die Männer dann nach ihrer Ankunft in einem Zimmer untergebracht. Trotzdem erinnert sich der alte Mann noch gerne an die damalige Zeit zurück: *„Ich hatte eine schöne Zeit in Österreich. Das war die Zeit von Bruno Kreisky und wir hatten alle eine gute Arbeit. Damals fühlten wir uns auch noch willkommen. Ich habe mich in Oeynhausen sehr wohl gefühlt.“*[141]

Obwohl Abdjl Nuhi nach seiner Pensionierung am 1. Mai 2008 wieder nach Rapča zurückgekehrt ist, hat er sich eine kleine Wohnung in Österreich behalten. Immerhin fährt er mehrmals im Jahr seinen Sohn Nadir Nuhi besuchen, der mit seinen beiden Kindern in Baden lebt. Besonders stolz ist der Großvater auf die schulischen Erfolge seiner Enkelin und seines Enkels, der mittlerweile die HTL in Wiener Neustadt besucht. Da es in Baden keine goranischen Kaffeehäuser oder Lokale gibt, hat sich für die Männer der Bahnhof als Treffpunkt entwickelt, während sich die Frauen zu Hause treffen.[142] Es gibt auch kaum jemanden, der aus dieser Region wegzieht, da der enge Kontakt untereinander nur an einem gemeinsamen Wohnort möglich ist.

---

141 Interview mit Abdjl Nuhi, Rapča, 11. Juli 2012.

142 Ebenda: 319.

Daneben gibt es noch einige Gorani aus Rapča in anderen Teilen Nieder- und Oberösterreichs. Vor allem jene, die nach 1999 als AsylwerberInnen nach Österreich gekommen sind, haben sich allerdings fast geschlossen in Baden und den angrenzenden Gemeinden niedergelassen.

Trotz der räumlichen Konzentration in Wien und Baden bei Wien hat sich bisher kein Kulturverein oder sonst irgendeine Art organisierter Aktivitäten entwickelt. Die Gorani aus Rapča besuchen sich zwar privat durchaus gegenseitig. Bisher hat aber noch nie jemand einen Versuch unternommen kulturelle Veranstaltungen oder andere organisierte Aktivitäten in Österreich zu setzen. Es gibt keine goranische Moschee, kein Geschäft und selbst die Familienfeiern werden nicht in Österreich, sondern zu Hause gefeiert. Von manchen jüngeren Gorani wird dies zwar immer wieder bedauert. Letztlich sind die meisten aber der Meinung, dass dafür niemand Zeit und Geld habe und man sich ohnehin jeden Sommer für einige Wochen zu Haus treffen würde. Hier ist man ohnehin zum Arbeiten da. Zu Hause hat man dann Zeit für die Gemeinschaft, für Hochzeiten, Familienfeiern und andere gemeinsame Aktivitäten.

Das Fehlen organisierter Vereine und Initiativen in Österreich kann aber auch damit zusammenhängen, dass sich die meisten Gorani erst in Österreich etablieren müssen und bisher keine Zeit für solche Aktivitäten finden. Da die Mehrheit der Gorani aus Rapča erst in den letzten zehn Jahren nach Österreich gekommen ist, ist die Community noch viel weniger etabliert als etwa verschiedene Communities aus der Türkei oder jene Communities aus dem ehemaligen Jugoslawien, die bereits in den 1970er-Jahren nach Österreich ausgewandert sind. Dazu kommt ja, dass jene Gorani aus Rapča, die tatsächlich schon mit der ‚Gastarbeiter'-Migration nach Österreich gekommen sind, großteils in ihrer Pension wieder in den Kosovo zurückgekehrt sind und damit die etablierten Gorani teilweise fehlen. Insofern wird es interessant sein zu beobachten, ob sich in Zukunft in Österreich organisierte Aktivitäten der Gorani aus Rapca entwickeln werden oder ob sich das goranische Gemeinschaftsleben weiterhin ausschließlich auf den Kosovo konzentriert.

Abb. 73: Von beiden Seiten verunstaltetes Hinweisschild auf den Ort Rapča an der Hauptstraße zwischen Prizren und Dragaš. April 2013.

Abb. 74: Donja Rapča im Frühling 2013.

Abb. 75: Sadik Salemi, der erste der 1967 aus Rapča zum Arbeiten nach Österreich gekommen ist, in Donja Rapča, März 2008.

Abb. 76: Gornja Rapča, März 2008.

Abb. 77: Moschee in Gornja Rapča, Juli 2012.

## Gorani in Österreich

Wie bereits im letzten Kapitel erwähnt, kommt der größte Teil der goranischen Diaspora in Österreich aus dem Doppeldorf Donja- und Gornja Rapča. Obwohl es keinerlei verlässliche Zahlen über die Gorani aus Rapča in Österreich gibt, kann als Größenordnung durchaus angenommen werden, dass über 1.000 Personen aus Rapča zumindest saisonal in Österreich leben und arbeiten.

Diese größte Gruppe der Gorani aus dem Kosovo hat sich fast ausschließlich in Wien, Niederösterreich und Oberösterreich niedergelassen. In Wien, Niederösterreich und Oberösterreich leben allerdings auch relativ viele KosovoalbanerInnen aus der benachbarten Region Opoja, dem albanischsprachigen Teil der Gemeinde Dragaš. Beide Gruppen zusammen sind groß genug, dass sich ein Busunternehmen eines Kosovoalbaners aus Opoja auf direkte Busreisen zwischen Oberösterreich, Wien und Dragaš spezialisiert hat. Das gesamte Jahr über fährt zwei Mal in der Woche ein Bus von Linz über Wien direkt nach Prizren und Dragaš und zurück. Der Bus fährt am Nachmittag in Österreich ab und ist am nächsten Morgen im Kosovo. Mit einem Preis von € 50,- für einen Weg, stellt der Bus die billigste Verbindung zwischen Österreich und Gora dar, weshalb der Bus auch meist mit AlbanerInnen und GoranerInnen gefüllt ist.

Neben den Gorani aus Rapča in Wien, Nieder- und Oberösterreich gibt es allerdings auch noch einige weitere Gruppen aus anderen Dörfern, die sich unabhängig von der größeren Gruppe aus Rapča in anderen Teilen Österreichs niedergelassen haben.

Im oberösterreichischen Mühlviertel gibt es einige goranische Familien aus Krstac, dem Nachbarort von Rapča. Dabei leben diese Familien nicht in den wenigen Städten der Region, sondern in kleinen Dörfern, wie etwa in St. Nikola an der Donau im Bezirk Perg, einem kleinen Dorf mit 740 EinwohnerInnen, wo Jobs in der Tourismusregion Strudengau zu finden sind. Aber auch aus Krstac ist es nicht allen, die nach Österreich gekommen sind, auch gelungen zu bleiben. Murto Hamza ist mit seiner Frau Siljvana und seinen Söhnen Mejdin, Rasmin und Melis im April 2007 aus Krstac nach Österreich gekommen. Vor 1999 hatte er eine Konditorei in Peja. Nachdem diese zum zweiten Mal niedergebrannt wurde, musste er die knapp 100.000 Einwohner zählende Stadt verlassen. Zurück im Dorf gab es aber keine Arbeit. Die Familie fühlte sich eingesperrt und versuchte 2007 nach Österreich zu kommen. Nach einem Monat im Erstaufnahmezentrum Traiskirchen, wurde die Familie nach St. Veit an der Glan gebracht. Hier, in Kärnten, sollten sie ihr Asylverfahren abwarten. Heute erzählen sie, dass das Bundesasylamt mit ihnen nie ein Interview durchgeführt habe.[143] Die Familie wusste nie, warum ihr Asylverfahren nie bearbeitet wurde. Wahrscheinlich wurden sie Opfer von Dublin II-Verordnung und Österreich fühlte sich unzuständig. Nach drei Wochen Schubhaft, bei denen der Vater mit den beiden älteren Söhnen getrennt eingesperrt wurde, während die Mutter mit dem jüngeren Sohn in einem ‚geringeren Mittel' untergebracht worden war, wurden die Familie am 26. Juni 2007 wieder in den Kosovo abgeschoben.

Jetzt ernährt Murto Hamza seine Familie mit einem kleinen Geschäft im Dorf. Von Österreich träumt die Familie immer noch. Sie will jedoch nicht erneut in Schubhaft landen. Die Abschreckung des österreichischen Asylregimes tut ihre Wirkung.

Aus Restelica stammt die kleine Gruppe von Gorani in Tirol, die sich in Innsbruck, in Kitzbühl, Kirchberg in Tirol und in Reith bei Alpbachtal niedergelassen hat. Da der Großteil von ihnen in der Gastronomie tätig ist, sind es Fremdenverkehrsorte, die die kleine goranische Community aus Restelica angezogen haben.

Als Erster kam Feriz Boza 1989 von Restelica nach Österreich. Im Tiroler Nobeltourismusort nennt sich Feriz „Fritz" und gilt als lustiger Barkeeper in einem großen Hotel. Als Eisverkäufer in Kroatien wurde er ursprünglich von einem Kärnter Gastronom entdeckt: *„Der hat mich gefragt, ob ich nicht nach Österreich arbeiten kommen will. Ich habe ihm gesagt, wenn er gut zahlt, jederzeit. Da hat er mir damals 9.670 Schilling versprochen. Das war damals dreimal so viel wie bei uns und eine Woche später hatte ich dann schon meine Arbeitsgenehmigung."*[144]

143 Interview mit Murto, Siljvana, Mejdin, Rasmin und Melis Hamza, Krstac, 14. August 2012.

144 Interview mit Feriz Boza, Restelica, 17. Juli 2012.

Am 24. Mai 1989 kam er nach Österreich und arbeitete zunächst im Hotel jenes Gastronoms am Ossiacher See, der ihn in Kroatien abgeworben hatte. Von dort aus wurde er für die Wintersaison wiederum von einem Hotelier aus Kitzbühl angeworben. Am 3. Dezember 1989 begann er in Tirol zu arbeiten. *„Und dann habe ich meinen Bruder mitgenommen, den anderen Bruder und meinen Schwager. Insgesamt so sieben oder acht Familien."*[145]

Heute lebt er mit seiner Frau und seinen zwei Söhnen in Kitzbühel. Sein ältester Sohn arbeitet dort mittlerweile als Zimmermann. Seine Tochter heiratete im Sommer 2012 einen in Deutschland lebenden jungen Mann aus Restelica und zog zu ihrem Mann nach Deutschland.

Feriz Bozas Schwager Hodža Rusit kam ein Jahr später nach Österreich. 1990 nahm ihn sein Schwager zunächst nach Kärnten mit, ehe er nach Innsbruck wechselte, wo er bis heute mit seiner Frau und seinen drei Kindern lebt. Lediglich im Sommer verbringt er jedes Jahr einige Wochen in Restelica: *„Die Gorani in Tirol sind alle miteinander verwandt. Aber unsere anderen Verwandten treffen wir dann im Sommer hier in Restelica. Die Zeit hier ist wichtig, damit unsere Kinder nicht die Sprache und ihre Traditionen verlernen."*[146]

In der Steiermark leben einige goranische Familien aus Radeša. Kurtiš Jamini lebt seit 2002 in der Steiermark. Neben ihm und seiner Familie kennt er noch drei andere Familien aus Radeša in Graz und Fürstenfeld.[147]

In der Steiermark leben jedoch nicht nur Gorani aus Radeša, sondern auch zwei Familien aus Kruševo. Vait Toro aus Kruševo kam schon im Mai 1999 während des Krieges mit seinem Bruder Dalef nach Österreich. Als Reserveoffizier der jugoslawischen Armee wollte er nicht in den Krieg ziehen: *„Ich wollte nicht auf meine albanischen Brüder schießen. Dieser Krieg war ein Bruderkrieg und wir Gorani und die Albaner sind doch beide Muslime. Warum sollte ich für Serbien auf die Albaner schießen?"*[148]

---

145 Ebenda.
146 Interview mit Hodža Rusit, Restelica, 16. Juli 2012.
147 Interview mit Kurtiš Jamini, Radeša, 22. August 2012.
148 Interview mit Vait, Huriya und Majda Toro, Kruševo, 22. August 2012.

Als Deserteur hätte er in Serbien allerdings mit einer drakonischen Bestrafung rechnen müssen. Deshalb machte er sich mit seinem Bruder auf den Weg nach Slowenien, von wo aus er bei Murska Soboda im Dreiländereck Ungarn, Slowenien und Österreich, die Grenze überschritt. Um Mitternacht überschritten die beiden Brüder im Schutze der Dunkelheit die Grenze, um nicht vom Österreichischen Bundesheer am Grenzübertritt gehindert zu werden. Mitten in der Nacht wurden die beiden von der Gendarmerie auf österreichischem Staatsgebiet festgenommen. Vait Toro kann sich noch sehr genau an das kalte Regenwetter erinnern, mit dem ihn Österreich empfing:

*„Die Festnahme durch die Gendarmerie war furchtbar. Wir sind eine Zeit lang von den österreichischen Soldaten weggelaufen und jetzt waren die Gendarmen sauer auf uns und wollten sich wahrscheinlich rächen. Sie haben uns gezwungen uns nackt auszuziehen und wir mussten zwei oder drei Stunden im kalten Regen draußen stehen. Danach hat uns ein Offizier verhört und uns nach unserer Muttersprache gefragt. Ich habe mir gedacht, dass unsere Sprache eh niemand kennt und wir haben ja auch in der Schule immer Serbisch gelernt. Also habe ich gesagt, dass meine Muttersprache Serbisch ist. Da hat mir der Offizier ins Gesicht gespuckt und ‚Du serbisches Schwein!' geschrien."*[149]

Zu diesem Zeitpunkt hatte Vait Toro bereits eine mehrjährige Odyssee hinter sich. Sein Vater hatte eine Konditorei in Kroatien, in einem Ort in der Nähe von Pula. Vor dem Krieg floh seine Familie 1991 wieder zurück in ihr Herkunftsdorf Kruševo. Für das Geschäft erhielt der Vater nie eine Entschädigung. Acht Jahre später machte sich der mittlerweile verheiratete Sohn auf die Flucht aus dem Kosovo und musste dabei seine Frau und die sechs Jahre alte Tochter in Kruševo zurücklassen. Die Tochter Majda Toro kann sich heute noch daran erinnern, wie sehr sie ihren Vater vermisst hatte. Die serbische Militärpolizei suchte nach dem Deserteur und suchte auch mehrmals die nun alleinerziehende Mutter auf. Diese sagt konsequent nicht zu wissen, wo ihr Mann wäre.

Währenddessen wird Vait Toro zunächst im Burgenland in Jennersdorf untergebracht. Einige Tage später kam ein Dolmetscher, der jedoch nur Burgenlandkroatisch konnte und mit dem sich Vait Toro nicht ver-

149 Ebenda.

ständigen konnte. Nun behaupteten die Behörden plötzlich, er wäre nicht aus Kroatien, sondern aus Ungarn nach Österreich bekommen. Ihm wurde gedroht, ihn ins Gefängnis zu stecken, wo er schließlich auch landete. Vait Toro kann sich heute noch an seine Zellennummer erinnern: *„Wir saßen in Zelle 202 im Gefängnis in Graz. Zwei Monate lang durften wir nicht einmal im Gefängnishof spazieren gehen. Erst nach einer Beschwerde durften wir 45 Minuten am Tag aus unserer Zelle heraus und im Hof spazieren gehen."*[150]

Noch heute erinnert sich Vait Toro mit Grauen an die Haftumstände: *„Wir wurden schlimmer behandelt als politische Gefangene!"* Ein Mithäftling aus dem Kongo hätte ihn schließlich über seine Rechte aufgeklärt. Vait Toro erinnert sich, dass sie erst nach einer Beschwerde und einer Kontrolle des Europäischen Gerichtshofs für Menschenrechte (EGMR) aus Straßburg ein Stück Seife bekommen hätten. Erst ein Cousin, der sich bereits in Innsbruck befand, half ihm schließlich mit einem Anwalt, der ihn in der Haft besuchte. Nach sechs Monaten in Haft wurde endlich die Caritas aktiv, ein Cousin, der schon in Österreich lebte, schaltete einen Anwalt ein und ein Journalist der Kleinen Zeitung wurde auf den Fall aufmerksam.

Nachdem es der Caritas gelungen war die beiden Brüder aus der Schubhaft zu bekommen berichtete die Kleine Zeitung:

*„Dalef (25) und Vait (30) T. sind im Kosovo geborene Muslime, sie gehören der serbischen Volksgruppe an und sind keine Albaner. Im heurigen Frühjahr, am Höhepunkt der Vertreibung und Unterdrückung der Kosovo-Albaner, hätten die beiden Brüder zur serbischen Armee eingezogen werden sollen. Weil sie aber ‚nicht auf unsere Glaubensbrüder schießen' wollten, sind sie schließlich aus dem Kosovo geflüchtet."*[151]

Für die österreichische Öffentlichkeit, die damals noch nie etwas über die Gorani gehört hatte, waren die beiden Brüder einfach muslimische Serben. Caritas-Rechtsberater Günter Polesnig erklärte in der Kleinen Zeitung, dass die beiden Brüder aus Sicht der Caritas eindeutig Flüchtlinge gemäß der Genfer Flüchtlingskonvention wären. Der Grazer An-

---

150 Ebenda.

151 Peter Filzwieser: Schubhaft für zwei Kriegsflüchtlinge. Kleine Zeitung, Dienstag, 9. November 1999.

walt Wolfgang Vacarescu brachte eine Beschwerde beim Verfassungsgerichtshof ein.

Erst jetzt nach seiner Enthaftung konnte sich Vait Toro wieder bei seiner Familie im Kosovo melden. Bis dahin hatten seine Frau und seine Tochter ein halbes Jahr nichts von ihm gehört. Seine Tochter erinnert sich: *„Ich wusste ein halbes Jahr nicht, ob mein Vater überhaupt noch lebt. Das war wirklich schrecklich für uns!"*[152]

Sein Asylverfahren sollte nie abgeschlossen werden. 2005 kamen seine Frau und seine mittlerweile fast zwölf Jahre alte Tochter illegal nach Österreich nach und landen zunächst auch in Traiskirchen. Da das Asylverfahren auch 2008 noch nicht abgeschlossen war, zog Vait Toro schließlich den Asylantrag zurück und konnte 2009 eine Niederlassungsbewilligung erhalten.

Bereits während des Asylverfahrens gelang es ihm in Graz bei der Druckerei Leykam und in der Gastronomie Arbeit zu finden. Heute arbeitet Vait Toro fix in der Druckerei. Sein Bruder hat eine Bosnierin geheiratet und arbeitet ebenfalls in Österreich.

Seine Tochter Majda hat in Windeseile Deutsch gelernt und besucht nun ein Abendgymnasium in Graz. Wirklich zu Hause fühlt sie sich in Österreich aber nicht: *„Ich werde immer eine Fremde bleiben. Wenn in Österreich irgendetwas schief läuft, sind immer die Ausländer schuld. Ich habe nur ausländische Freundinnen. Die Österreicher wollen uns einfach nicht."*

Obwohl die sympathische junge Frau diese Kritik fast ohne Akzent formuliert, fühlt sie sich offenbar weiterhin von ihren österreichischen Mitschülern abgelehnt. Auch ihr Vater erzählt, dass er schon oft versucht habe seine österreichischen Nachbarn zum Kaffeetrinken einzuladen: *„Bis jetzt ist noch nie jemand gekommen!"*

Erfahrungen wie jene von Vait Toro mögen extrem sein, sie sind allerdings durchaus symptomatisch für den Umgang mit Deserteuren aus dem ehemaligen Jugoslawien. Während die serbische Armee in der österreichischen Öffentlichkeit als brutaler Aggressor dargestellt wurde und für Medien und Politik die Sympathien klar auf der kosovoalba-

---

152 Interview mit Vait, Huriya und Majda Toro, Kruševo, 22. August 2012.

nischen Seite lagen, wurde Deserteuren eben dieser Armee nur selten Asyl gewährt. Dass Vait Toro auch noch von österreichischen Polizisten beschimpft und misshandelt und rechtswidrig eingesperrt wurde, führte nie zu einer Entschuldigung oder Entschädigung.

Dass sich Menschen, die auf der Flucht so empfangen wurden, hier immer als nicht wirklich willkommene Fremde fühlen, ist wenig verwunderlich. Die Geschichte von Vait Toro und seiner Familie zeigt, wie wichtig der Umgang mit Flüchtlingen auch für die spätere Integration von Flüchtlingen ist. Wer so massive Ablehnung erfahren hat, wird auch auf spätere kleine Zeichen der Ablehnung sensibel reagieren und sich vielleicht nie in Österreich willkommen fühlen.

Nicht willkommen fühlen sich auch die Gorani aus Albanien hierzulande. Zwar sind es nur Einzelpersonen aus den Dörfern Borje und Šištevec, die in den letzten Jahren nach Österreich gekommen sind und versucht haben als Asylwerber oder als Saisonnier einen Aufenthaltstitel zu bekommen. Ein Daueraufenthalt hat sich daraus bisher allerdings nicht ergeben. Beni Soldat aus Borje arbeitet seit einigen Jahren während der Wintersaison als Saisonnier in Salzburg. Im Frühling muss er jedes Jahr wieder ausreisen und einige Monate in Albanien verbringen. Seine Arbeit ist ein wichtiger Bestandteil des Familieneinkommens. Auf seiner Facebook-Seite gibt er Salzburg als seinen Wohnort an.[153] Ein dauerhafter Aufenthaltsstatus ist für albanische Staatsbürger jedoch angesichts des Schengen-Migrationsregimes jedoch mittlerweile fast unmöglich geworden.

In der Region ist der Umgang Österreichs und der Europäischen Union mit Flüchtlingen und MigrantInnen bekannt. Einerseits ist die Europäische Union weiterhin ein erträumtes Ziel. Viele wollen hier arbeiten und ihren Kindern höhere Bildung und eine bessere Zukunft bieten. Zugleich sind sich die Gorani des Rassismus und der Ausgrenzung der Menschen aus dem genannten ‚Westbalkan' bewusst. Wie andere Kosovaren, Albaner und Mazedonier auch, fühlen sich viele mittlerweile als die Stiefkinder Europas, denen der Eintritt in das gemeinsame Europa verwehrt bleibt.

---

153 https://www.facebook.com/beni.soldat?fref=ts, abgerufen am 10.6.2013

Abb. 78: Die Schwierigkeiten ein Visum nach Österreich zu bekommen hinterlassen ihre Spuren mittlerweile auch in den Graffitis: Wand im Ortszentrum von Gornja Rapča, März 2013.

Abb. 79: Vait Toro mit seiner Frau Huriya und ihrer gemeinsamen Tochter Majda in ihrem neuen Haus in Kruševo, August 2012.

Abb. 80: Feriz (‚Fritz') Boza (Mitte) mit seinen Freunden und Verwandten, dem Bauern Isa Bayrami und dem Musikant Hasan Muška, in einem Cafe in Restelica. Juli 2012.

Abb. 81: Eine Buslinie verbindet seit einigen Jahren Linz und Wien zwei Mal in der Woche direkt mit Dragaš/Dragash: Halt auf einer Raststätte in Ungarn. April 2013.

## Conclusio und Ausblick

Ein näherer Blick auf Gora zeigt eine Region, deren BewohnerInnen immer wieder kreativ mit ihrer geographischen Situation umgehen konnten. Zwar handelte es sich schon seit Jahrhunderten um eine ländliche Bergregion, allerdings war sie keineswegs immer so isoliert wie heute. Erst die Nationalismen und Nationalstaaten drängten die Gorani an den Rand und erschwerten ihnen die temporäre Migration in urbane Zentren. Die Entwicklung der Politischen Ökonomie des Westbalkans in Richtung einer neoliberalen Klientelwirtschaft excludierte die kosovarischen Gorani aus der kosovarischen Ökonomie und trieb sie einerseits in eine Abhängigkeit von serbischen Transferleistungen und andererseits von Überweisungen der goranischen Diaspora aus Westeuropa.

Noch marginalisierter sind die Gorani in Albanien, die teilweise für die Gorani im Kosovo als Tagelöhner arbeiten und in der Vergangenheit noch weniger Möglichkeiten zur Migration hatten. Damit existieren heute auch weniger Überweisungen aus Westeuropa als im Kosovo. Im Gegensatz zum Kosovo verfügen die albanischen Gorani auch über keinerlei kulturelle oder sprachliche Minderheitenrechte.

Wie im Kosovo ist auch die Situation in den beiden goranischen Dörfern Mazedoniens stark von Migration geprägt. Auch hier werden die Gorani nicht als eigene Minderheit anerkannt, weshalb sie sich bei Volkszählungen großteils als ‚Türken' ausgeben.

Die Gorani sind – als Bevölkerungsgruppe deren kulturelle und religiöse Identitäten quer zu den großen Nationalismen der Region liegen – zwischen die nationalistischen Zerfallskonflikte des ehemaligen Jugoslawien geraten. Genauso problematische Auswirkungen, wie die Nationalismen in der Region und die Nichtanerkennung kultureller und sprachlicher Minderheitenrechte, zeigen jedoch auch die Migrationsregime der EU und ihrer Mitgliedsstaaten.

Die Probleme der Gorani wäre insofern auch nicht durch einen weiteren eigenen goranischen Nationalstaat – den ohnehin keine politische Kraft fordert – lösbar, sondern nur durch eine Wiedereinbettung Goras in ein größeres Ganzes. Im Moment könnte dies wohl realistischerweise nur die Europäische Union sein. Für die Gorani wäre wohl eine Zukunft in einem gemeinsamen Europa der Regionen, das auch die kulturellen und sprachlichen Rechte von Minderheiten garantiert, eine wesentlich bessere Option als der Versuch den großen Ethnonationalismen der Region einen eigenen – sei es einen bosniakischen oder einen goranischen – entgegenzusetzen.

Eine solche europäische Zukunft würde auch die Möglichkeiten der ökonomischen Entwicklung der Region verbessern, da sie einerseits die (temporäre) Migration und damit eine Diversifizierung von Familieneinkommen erleichtern würde, andererseits auch Möglichkeiten für sanften Berg- und Ökotourismus und damit verbunden die Herstellung und Vermarktung regionaler Produkte schaffen würde.

Entscheidend dafür wäre jedoch, dass Albanien, Kosovo, Mazedonien und wenn möglich auch Serbien, Montenegro und Bosnien gemeinsam oder zumindest zeitnahe in die EU aufgenommen und auch Teil des Schengener Abkommens würden. Wird der sogenannte Westbalkan weiterhin nur stückchenweise in die EU aufgenommen und würde sich daraus eine Situation ergeben, dass längerfristig eine Schengen-Außengrenze durch Gora verlaufen würde, würde dies erneut massive Schwierigkeiten für die Gorani mit sich bringen.

Als Teil Europas gehören die Gorani, die durch ihre Diaspora vielleicht europäischer sind, denn viele andere EuropäerInnen, als Ganzes zu diesem Kontinent. Wenn sich die EU in ein erfolgreiches politisches Projekt weiterentwickeln will, das nicht nur zur Sicherung von Hegemonieansprüchen und zum Management von Finanzkrisen dienen soll, dann muss darin auch Platz für jene Menschen aus dem Westbalkan sein, die bisher vom Europäischen politischen Projekt ausgeschlossen wurden. In einem solchen größeren Europa wäre wohl auch mehr Spielraum für die ‚kleinen' EuropäerInnen als in uniform konzipierten Nationalstaaten.

## Literatur


Aljabak, Sadik Idrizi: Drugo ime sna (izbor poezije). Prizren/Podgoriza 2012.

Allgäuer, Alicia / Müller, Mariella: „Österreichischer Goraner oder Tschusch, einfach Tschusch". Wie das kosovarische Dorf Rapca nach Baden kam. in: Schmidinger, Thomas (Hg.): Vom selben Schlag... Migration und Integration im niederösterreichischen Industrieviertel. Wiener Neustadt 2008, 47-66.

Anderson, Benedict: Imagined Communities. London / New York 1983.

Buranits, Christian: Identitätskonstruktionen im Sandschak Novi Pazar. Eine sozialanthropologische Bestandsaufnahme zu Identität, Religion und Nationsfindung in einem vergessenen Teil Europas. Diplomarbeit. Wien 2009.

Cvijić, Jovan (Цвијић, Јован): Основе за гегографију и геологију Македоније и Старе Србије. Beograd 1911.

Cocozzelli, Fred: Small Minorities in a Divided Polity: Turks, Bosniaks, Muslim Slavs and Roms, Ashkali and Egyptians in Post-conflict Kosovo. Ethnopolitics, Vol. 7 Nos. 2 – 3, June – September 2008

Cohen, Jeffrey H. / Sirkeci, Ibrahim: Cultures of Migration. The global nature of contemporary mobility. Austin 2011.

Dérens, Jean-Arnault / Geslin, Laurent: Voyage au pays des Gorani (Balkans, début du XXIe siècle). Paris 2010.

Dikici, Ali: The Torbeshs of Macedonia: Religious and National Identity Questions of Macedonian-speaking Muslims. Journal of Muslim Minority Affairs, Vol. 28, No. 1, April 2008.

Dokle, Elmaz: Borje dhe Borjanet. Prizren 2010.

Dokle, Nazif: Sinan Pasha i Topojanit. Tiranë 2006.

Dokle, Nazif: Reçnik Goransko (Nashinski) – Albanski. Sofia 2007.

Dokle, Nazif: Bogomilizmi dhe etnogjeneza e torbeshëve të Gorës së Kukësit. Tiranë 2009.

Dreveny, Gerald: Umfassendes Bild. Öffentliche Sicherheit, 7/8-2006.

Džaja, Srećko M.: Die politische Realität des Jugoslawismus (1918-1991). Mit besonderer Berücksichtigung Bosnien-Herzegowinas. München 2002.

Fischer-Tahir, Andrea / Naumann, Matthias (Hg.): Peripherialization. The Making of Spatial Dependencies and Social Injustice. Wiesbaden 2013.

Gellner, Ernest: Nationalismus und Moderne. Hamburg 1995.

Hall, Richard C.: The Balkan-wars 1912-1913. Prelude to the First World War. London 2000.

Hasani, Harun: Migrations of Goranies. in: Bataković, Dušan T (Hg.): Kosovo and Metohija. Living in the Enclave. Beograd 2007, 33 – 44

Hasani, Harun: Migrations of the population of the Šar Mountain župa Gora. Journal of the Geographical Institute Jovan Cvijic, Vol. 2002, No. 51.

Hobsbawm, Eric J.: Nationen und Nationalismus. Mythos und Realität seit 1780. Frankfurt / New York 1991.

Kaser, Karl: Hirten, Kämpfer, Stammeshelden. Ursprünge und Gegenwart des balkanischen Patriarchats. Wien 1992.

Kosova, Parim: Gora dhe Veshja Tradicionale e saj Gjatë Shekullit XX. Gora and its Traditional Costums during the XX Century. Prishtina 2007.

Kostić, Laza (Костић, Лаза): Црквени живот православних Срба у Призрену и његовој околини у XIX веку. Beograd 1928.

Larise, Dunja / Schmidinger, Thomas: Zwischen Gottesstaat und Demokratie. Handbuch des politischen Islam. Wien 2008.

Larise, Dunja: The role oft he islamic community in Bosnia and Herzegovina in the nation building by Muslims/Bosniaks. forthcoming

Lutovac, Milisav: Gora i Opolje. Beograd 1955.

Malcolm, Noel: Kosovo. A Short History. London 1998.

Meleqi, Hajriz: Opoja dhe Gora. Sharr 1994.

Müller, Stephan: Gutachten zur Situation der Gorani (Goranci) im Kosovo unter besonderer Berücksichtigung der Situation ehemaliger Angehöriger der Jugoslawischen Armee. Budapest, 29. November 2004, Internet:http://www.ecoi.net/file_upload/1329_1202899680_sh37-041129gakosovogoranijnaupdate.pdf

Obolensky, Dimitri: The Bogomils, A Study in Balkan Neo-Manichaeism. Cambridge 1948.

Pichler, Robert: Die Albaner in der Republik Makedonien – Geschichtswissenschaft im Spannungsfeld von Politik und Sozialer Marginalisierung. In: Schmitt, Oliver Jens / Frantz, Eva Anne: Albanische Geschichte. Stand und Perspektiven der Forschung. München 2009, 149–186.

Redžeplari, Ramadan: Čekmedže. Meseljina – Masali – Prikažne. Prizren 2005.

Redžeplari, Ramadan: Čekmedže. Meseljina – Masali – Prikažne. Prizren 2006.

Redžeplari, Ramadan: Čekmedže. Meseljina – Masali – Prikažne. Prizren 2011.

Redžeplari, Ramadan: Sedefna Tambura. Goranske Narodne Pesne. Prizren 2008.

Runciman, Steven: Le Manichéisme Médiéval. Paris 1949.

Smith, Neil: Uneven development. Nature, Capital and the Production of Space. Oxford / New York 1984.

Stark, Oded / Bloom, David E.: The New Economics of Labor Migration. American Economic Review 75, 1985.

Stark, Oded / Taylor, Edward / Yitzhaki, Shlomo: Remittances and Inequality. Economic Journal 101, 1986.

Steinke, Klaus / Voss, Christian (Hg.): The Pomaks in Greece and Bulgaria. A model case for borderland minorities in the Balkans. Südosteuropa-Studien 73. München 2007.

Steinke, Klaus / Ylli, Xhelal: Die slavischen Minderheiten in Albanien. Slawistische Beiträge 474. München 2010.

Telbizova-Sack, Jordanka: Die slawischsprachigen Muslime Makedoniens. Eine Identität mit vielen Gesichtern? in: Keul, István (Hg.): Religion, Ethnie, Nation und die Aushandlung von Identität(en). Regionale Religionsgeschichte in Ostmittel- und Südosteuropa. Berlin 2005, 47-66.

Schiler, Nina Glick / Basch, Linda / Blanc-Szanton, Christina (Hg.): Towards a Transnational Perspective on Migration. Race, Class, Ethnicity and Nationalism Reconsidered. New York 1992.

Schiler, Nina Glick / Basch, Linda / Blanc-Szanton, Christina: Transnationalismus. Ein neuer analytischer Rahmen zum Verständnis von Migration. In: Kleger, Heinz (Hg.): Transnationale Staatsbürgerschaft. Frankfurt am Main / New York 1997.

Schmidinger, Thomas: Der Alte Mann und die Bahn. DATUM 9/2008, 44 – 48

Schmitt, Oliver Jens: Kosovo. Kurze Geschichte einer zentralbalkanischen Landschaft. Wien / Köln / Weimar 2008.

Schmitt, Oliver Jens: Die Albaner. Eine Geschichte zwischen Orient und Okzident. München 2012.

Qafleshi, Muharrem: Opoja dhe Gora ndër shekuj. Prishtinë 2012.

Ylli, Xhelal: Language and Identity among the Slavic Speaking Gorans of Albania: 'Nie sme našinci'. In: Steinke, Klaus / Voss, Christian (Hg.): The Pomaks in Greece and Bulgaria. A model case for borderland minorities in the Balkans. Südosteuropa-Studien 73. München 2007.

## Reisetipps

Dies ist zwar kein Reiseführer, da aber auch in den wenigen Reiseführern für den Kosovo nur spärliche Hinweise zur Region Gora zu finden sind, sollen für jene, die nach der Lektüre dieses Buches aber Lust bekommen haben, die Region selbst zu bereisen, trotzdem noch einige praktische Reisetipps erfolgen.

Der Tourismus in der Region entwickelt sich nur sehr langsam. In den goranischen Dörfern in Albanien und Mazedonien gibt es keinerlei Übernachtungsmöglichkeiten und keinerlei touristische Infrastruktur. Vor allem die Dörfer in Albanien sind nur sehr schwer zu erreichen und definitiv nur etwas für erfahrende Reisende, die zumindest rudimentäre Sprachkenntnisse besitzen, sehr einsame Orte suchen und bereit sind sich unter schwierigen Bedingungen selbst Übernachtungsmöglichkeiten (z. B. in einem Zelt) zu suchen. Zwar gehören auch die goranischen Dörfer im Kosovo zu den abgelegensten Siedlungen in der Region, wer Geduld hat oder mit dem eigenen Auto unterwegs ist, kann diese aber ohne größere Schwierigkeiten erreichen.

Immerhin gibt es seit 2010 die ersten Übernachtungsmöglichkeiten im kosovarischen Teil von Gora und sollten Pläne zur Errichtung eines Nationalparks Erfolg haben, könnte die touristische Infrastruktur im kosovarischen Teil von Gora in den nächsten Jahren weiter ausgebaut werden. So erfreulich diese Entwicklung ist, so deutlich zeigt sich in der Region aber auch, dass es sehr unterschiedliche Möglichkeiten gibt, den Tourismus in Gora weiterzuentwickeln. Einerseits haben sich erste kleine Hotels und private Zimmervermieter gefunden. Andererseits wurde in Brod aber mit einem großen und architektonisch fragwürdigen Hotel einer der schönsten Talabschlüsse der Region weitgehend zerstört. Neben dem Hotel Arxhena, das einem Albaner aus Prizren und keinem lokalen Unternehmer gehört und in dem auch keine lokale BewohnerInnen von Brod einen Arbeitsplatz gefunden haben, wurde ein Hang als Skipiste planiert. Wer diesen Talschluss vor Errichtung des Hotels als naturbelassene Landschaft kannte, kann nicht umhin diese nachhaltige Landschaftszerstörung kritisch zu sehen. In der Hoffnung, dass sich ein ökologisch und sozial nachhaltiger Tourismus, von dem die lokale Bevölkerung profitiert und der die Naturschönheiten der

Region nutzt und nicht zerstört, gegen einen solchen Brachialtourismus durchsetzt, seien hier potenzielle Reisende dazu aufgerufen, ihren Beitrag zu einem solchen nachhaltigen Tourismus zu leisten. Dazu gehört es nicht nur nach Möglichkeit lokale Produkte zu kaufen, sondern z. B. auch den eigenen Müll wieder mitzunehmen und nicht noch die nicht entsorgbaren Müllberge der Dörfer weiter aufzufüllen oder gar diesen in der Landschaft zu verstreuen.

Übernachtungsmöglichkeiten gibt es mittlerweile in Brod, Restelica und Dragaš. Einfache Restaurants und Kaffeehäuser gibt es eigentlich in allen Dörfern.

**Dragaš:**
Der Verwaltungsort der Region hatte bereits vor dem Krieg 1999 ein Hotel, das danach aber von türkischen KFOR-Soldaten besetzt wurde. Erst im Sommer 2012 wurde es wieder vom lokalen albanischen Geschäftsmann Burim Piraj als Hotel eröffnet. An das Hotel *Meka* angeschlossen sind ein Fast-Food-Restaurant und der größte Supermarkt von Dragaš. Es befindet sich unübersehbar im Ortszentrum gegenüber der Gemeindeverwaltung an der Hauptstraße. Das Doppelzimmer kostet mit Frühstück € 30,-. Tel.: 044 50 25 45, e-mail: meka@meka-mish.com, Website: www.meka-mish.com.

**Brod:**
*Biljgaip Zilje* vermietet ein altes Haus, bzw. einzelne Betten in einem alten Haus. Es gibt eine Dusche und ein WC und mittlerweile auch Elektrizität. Sollte diese ausfallen, ist eine eigene Taschenlampe trotzdem ratsam. Dafür lebt man in einem traditionellen Haus inmitten des Dorfes Brod und kann noch die alten Familienfotos an der Wand bewundern. Das Bett kostet € 10,-. Der Vermieter, der neben etwas Albanisch nur Našinski bzw. Serbokroatisch spricht, ist telefonisch erreichbar und händigt einem dann den Schlüssel für das Haus aus. Tel.: 044 967 004

Das bereits erwähnte *Hotel Arxhena* im Talschluss von Brod (etwa zwei Kilometer hinter der Ortschaft, einer ungeteerten Straße folgen) vermietet Zimmer für 2 Personen mit Frühstück und € 30,-. Tel.: 00381 (0) 29 285 170, e-mail: info@arxhena.com, Website: www.arxhena.com.

In der Nähe des Hotels Arxhena gibt es während des Sommers auch eine Außenstelle des ausgezeichneten und von lokalen Einwohnern betriebenen Restaurants *Ramće*, von dem aus man früher die Gämsen in der Umgebung beobachten konnte. Begegnungen mit Wildtieren sind seit Errichtung des Hotels in unmittelbarer Nähe seltener geworden und auch die Landschaft hat an Attraktivität eingebüßt. Das Essen, darunter auch frisches Lammfleisch aus lokaler Produktion, schmeckt allerdings so gut wie eh und je. Tel.: 0292 85 119

*Ajhan Hadžija*, der auch Englisch kann, organisiert Campingausflüge für Gruppen. Tel.: 044 561303

**Restelica:**

Das Restaurant und Hotel *Jelice* liegt etwas außerhalb des Ortes, von Dragaš kommend links in das Tal, in dem der Fußweg nach Brod weggeht. Das Hotel befindet sich derzeit im Bau, sollte aber im Laufe des Jahres 2013 eröffnet werden. Kontakt: *Behadin Hodža*, spricht nur Našinski bzw. Serbokroatisch, Tel.: 044 340 839

**Radeša:**

Über der Ortschaft in den Bergen gibt es eine Selbstversorgerhütte, in der übernachtet werden kann. Für den Schlüssel muss *Kurtiš Jamini* angerufen werden, der ausschließlich Albanisch und Našinski bzw. Serbokroatisch spricht, Tel.: 049 740 960

In der gesamten Region gibt es eine Fülle an Wandermöglichkeiten und im Winter eignen sich viele Regionen für Skitouren. Allerdings sind Wanderwege kaum wo gekennzeichnet. In vielen Teilen von Gora sind sie auch kaum oder gar nicht zu finden. Wer in der Region wandern will, benötigt ein gewisses Orientierungsvermögen und sollte bereit und fähig sein auch querfeldein eigene Routen zu finden. Gutes Kartenmaterial der Region ist kaum zu bekommen. Ein 2011 auf Albanisch und Englisch erschienenes Buch von Todd Wassel („The Mountains of Dragash/Dragaš. Kosovo: Hiking and Nature Tourism Guide") enthält eine Reihe von Wanderrouten mit Karten. Auch damit sind aber gewisse Orientierungsfähigkeiten weiterhin notwendig. Im Internet finden sich auf der Website http://www.dragashtour.yolasite.com Informationen und Kontakte zu Führern, die Bergtouren in der Region anbieten.

Auch wenn Gora bislang wenig erschlossen ist, so handelt es sich dabei trotzdem um ein Paradies für entdeckungslustige Bergsteiger und Wanderer. Die Berge sind technisch meist ohne größere Herausforderungen. Die wichtigste Herausforderung bleibt die Orientierung und der Mangel an Infrastruktur. Bei entsprechender Ausrüstung laden die einsamen Berge allerdings auch zu mehrtägigen Touren ein.

Wer die Region selbstständig erwandern möchte, sollte darauf achten Schafherden nicht zu nahe zu kommen, da diese immer von Šar-Hunden bewacht werden, die darauf abgerichtet sind, diese nicht nur vor Wölfen und Bären, sondern auch vor Viehdieben zu beschützen. Diese kräftigen und groß gewachsenen Hunde sollen schon manchen unbedarften TouristInnen zum Verhängnis geworden sein. Noch wesentlich gefährlicher sind jedoch die Minen, die an der albanisch-kosovarischen Grenze gelegt wurden. Zwar wurden Teile dieser Grenzregionen entmint, allerdings keineswegs überall alle Minen entfernt. Wer dort wandert, sollte unbedingt nur auf erkennbar häufig begangenen Wegen bleiben und keinesfalls querfeldein einen Weg suchen. Dazu ist es auch sinnvoll sich zuvor bei der lokalen Bevölkerung zu erkunden, welche Gebiete entmint wurden und welche Wege von der Bevölkerung selbst häufig benutzt werden.

Drei relativ einfach zu findende Wege, die auch individuell gut begehbar sind, sollen hier kurz exemplarisch beschrieben werden.

1. Wanderung von Restelica nach Brod: Der Fußweg über die Berge zwischen Restelica und Brod ist eine alte und viel begangene Verbindung zwischen den zwei südlichsten Orten der beiden sich in Dragaš teilenden Haupttäler. Die Strecke ist landschaftlich schön. Der Weg ist relativ gut erkennbar und ohne technische Schwierigkeiten. Für den gesamten Weg müssen ca. 3 Stunden veranschlagt werden. Der Weg beginnt über dem Ortszentrum von Restelica in das linke Tal am Hang zwischen Heustadeln hinauf. Nach einem signifikanten Felsrücken biegt der Weg nach Links in ein Seitental ab und folgt mehr oder weniger einem Bach gerade nach oben. Kurz vor dem Pass liegt auf der rechten Seite des Baches eine Alm, auf der meist Pferde, Kühe und Schafe grasen. Aufgrund der nicht ungefährlichen Šar-Hunde, die für die Bewachung der Schafe eingesetzt werden, sollte man den Tieren besser nicht zu nahe kommen. Auf dem Pass selbst verläuft sich der Weg etwas. Solange man sich in Richtung des bisher gegangenen Weges weiterbewegt, kann man sich allerdings kaum verirren. Wenn man

beim Abstieg am oberen Ende der Skipiste angekommen ist und auf das Hotel Arxhena hinunterblicken kann, geht der Weg nach links über einen relativ bequemen und gut sichtbaren Weg weiter, der sich schließlich zu einem Fahrweg weitet und der am Ende auf das Dorf Brod stößt.

2. Wanderung von Brod Richtung Golema Vraca an der mazedonischen Grenze: Vom Dorf Brod aus führt ein Fahrweg bis zum Hotel Arxhena, danach führt ein Weg weiter in das Tal hinein, der allerdings rasch enger und weniger ausgebaut ist und sich gelegentlich verliert. Wenn der Weg abbricht, sollte man sich davon aber nicht beunruhigen lassen, sondern einfach versuchen möglichst nahe am Bach zu bleiben und schließlich auf der linken Talseite in einigen Zick-Zack-Kurven höher zu steigen, bis man über eine Kuppe in eine höher gelegene Talweitung kommt, auf der eine große Alm liegt. Von hier aus kann man entweder links auf ein hochgelegenes Moor aufsteigen oder sich rechts halten und an einem Wasserfall vorbei zum Šutman-See aufsteigen. Der im Sommer überraschend warme See lädt durchaus zum Baden ein. Von dort geht ist der weitere Aufstieg auf das bereits erwähnte Hochmoor möglich. Am Rande des Hochmoores steht eine kleine verfallene Betonhütte. De facto steht man damit schon vor dem Gipfel des Golema Vraca, der bereits die Grenze mit Mazedonien bildet. Der leichteste Aufstieg zum Gipfel führt über den rechts davon liegenden Pass und folgt dann dem Kamm bis zum Gipfel. Der Weg zurück kann als Variante gegangen werden, etwa indem man bei der ersten Alm links dem Weg folgt, wodurch man wieder über dem Hotel Arxhena am oberen Teil der Skipiste herauskommt und, wie beim Weg von Restelica nach Brod, den relativ flachen Weg nach Brod hinunter gehen kann. Diese Wanderung benötigt einiges mehr an Orientierungsvermögen und Kondition und dauert je nach Variante ca. 8 bis 10 Stunden. Sie führt durch ein völlig einsames Berggebiet und es ist gut möglich die gesamte Wanderung über keiner Menschenseele zu begegnen.

3. Wanderung auf den *Koritnik*: Ausgangspunkt dieser Wanderung ist ein alter Steinbruch hinter dem Dorf Rapća auf dem Weg nach Krstac. Der Weg führt im Zick-Zack durch den Wald bis über die Waldgrenze auf den 2395m hohen Gipfel des Koritnik an der albanisch-kosovarischen Grenze. Hin und retour sind dabei mit ca. 7h zu rechnen.

## Kurzsprachführer

Obwohl viele Gorani durch die Migration eine Vielzahl europäischer Sprachen können, gibt es unter jenen, die nach Serbien migriert sind oder in den Dörfern geblieben sind auch relativ viele, die nur das lokale Našinski oder Serbisch beherrschen. Aber auch Gorani, die in Westeuropa leben, werden sich freuen, wenn man mit ihnen zumindest einige Worte in ihrer Muttersprache sprechen kann. Deshalb und um einen kleinen praktischen Einblick in die Sprache zu geben, soll hier noch ein kleiner Sprachführer des Našinski angeschlossen werden, der allerdings nur einige der allerwichtigsten Wörter vorstellt.

| | |
|---|---|
| *Hallo* | *Meraba* |
| *Guten Tag* | *Dobar den* |
| *ich* | *ja* |
| *du* | *ti* |
| *Ich spreche Našinski.* | *Ja zborim Našinski jezik.* |
| *Ich bin aus Restelica.* | *Ja som od Restelica.* |
| *Ich bin Gorani.* | *Ja som Goranec.* |
| *Wie geht es?* | *Kako si?* |
| *Danke.* | *Fala.* |
| *Was arbeiten Sie?* | *Šu rabotaš?* |
| *Tag* | *den* |
| *Nacht* | *noc* |
| *Berge* | *planina* |
| *Dorf* | *selo* |
| *Mutter* | *Mati* |
| *Vater* | *Otec* |
| *Schwester* | *Sestra* |
| *Bruder* | *Brat* |
| *Wolf* | *vuk* |
| *Straße* | *put* |